L'Allemand qui parie sur la France

118 Rue des gravières – 33310 Lormont (F)

Photo de couverture : Patrick Casté

ISBN : 978 2 35687 416-0
Dépôt légal : Octobre 2015
Impression : PULSIO (FR)

Axel Rückert

L'Allemand qui parie sur la France

La boîte à outils d'un dirigeant d'entreprise franco-allemand qui veut faire gagner la France

Le Bord de l'eau

Sommaire

Remerciements 9
Préface de Hubert Védrine 11
Avant-propos : mettre fin à l'immobilisme 13
Un Allemand qui veut faire gagner la France 17
Quand rien ne va plus 21
De l'incapacité de réformer 27
Partager une vision et un programme 29
À situation exceptionnelle, solutions exceptionnelles 33
Rien n'est impossible 37
Le choix des priorités 41
Exécuter, exécuter, exécuter 47
Exploiter efficacement ses meilleurs atouts 51
Leadership, expérience et esprit d'équipe 53
Lancer tout dans les 100 premiers jours 57
Concilier le court et le moyen terme 61
Autre organisation, autres compétences 63
Assainir les finances 67
Relancer l'investissement 73
Forcer l'aboutissement du dialogue social 75
Changer les mentalités 79
Faire des expériences étrangères le laboratoire de l'action 83
Quelques bonnes idées appliquées par d'autres pays 89
Que retenir de l'Allemagne ? 93
Gagnant-gagnant avec Bruxelles 103
Rien sans les médias 107
Communiquer, communiquer, communiquer... 109
Corriger son image 111
Dépasser les attentes 113
Un impératif absolu : l'exemplarité 115
Persévérance et adaptation 117
Un cas d'école : faire baisser le chômage 119
Conclusion : être prêt pour l'échéance de 2017 135
CV Axel Rückert 139
Photos 141

Remerciements

Un grand merci à Fanny Anor, à Philippe Masson, mon ancien collègue partenaire chez McKinsey & Company, à Hubert Védrine, ancien ministre des Affaires étrangères et ami de longue date... et, enfin, à mon épouse, Carole (à qui je dois le titre de cet essai et qui a toujours « parié » sur moi), et à ceux qui ont tous contribué à ce que ce premier « essai » ait été effectivement « transformé ».

Préface

J'ai connu Axel Rückert quand le club Unesco de mon lycée (le lycée Albert Camus de Bois-Colombes), fondé par mon père Jean, a organisé des échanges avec les lycéens du lycée français de Berlin. Ceux-ci nous accueillaient à Noël. Nous les recevions à Pâques. C'était en 1965-66. Des amitiés sont nées ainsi, notamment entre Axel et moi, et ont traversé les années.

Nous ne nous sommes jamais perdus de vue ensuite. Nous avons même participé ensemble à la campagne de Pierre Mendès-France à Grenoble, en 1968. Ensuite, Axel a fait sa vie et sa brillante carrière de manager, de redresseur d'entreprises et de consultant en France, ou depuis la France. J'ai connu pendant vingt ans la vie du pouvoir, période pendant laquelle j'ai été mêlé à tous les grands événements européens et franco-allemands. Après le difficile Conseil européen à Nice en décembre 2000, j'avais demandé à Axel une note de réflexion sur la relance des relations franco-allemandes, qui avait beaucoup intéressé mon homologue et ami Joschka Fischer.

Ces dernières années, j'ai admiré la façon dont l'Allemagne, après d'autres pays du nord de l'Europe, ou le Canada, s'est réformée pour reprendre le contrôle de sa dépense publique et donc sauver sa protection sociale. Presque tous les pays développés l'ont fait. Presque tous... pas tous. En 2014, constatant et déplorant la permanence des blocages français, j'ai proposé, dans « la France au défi », une coalition gauche-droite de courte durée pour mener les deux ou trois réformes clefs. Idée qui séduit l'opinion publique mais n'entraîne pas les forces politiques ou syndicales ou les groupes corporatistes qui ont un autre agenda et donc s'en méfient et même les redoutent.

Néanmoins le débat sur « comment réformer la France » bat son plein... dans les médias, les colloques, l'édition et les conversations.

Il m'a donc paru très intéressant, qu'enrichi par une longue expérience de manager de choc, un Berlinois de France, maintenant aussi français qu'allemand, « allemand de naissance et français d'adoption », connaissant intimement la culture économique des deux pays, ayant redressé une dizaine d'entreprises en difficulté, qui se désespère des blocages mais croit dans le potentiel français, sorte de sa réserve et livre au public ses réflexions. Celles-ci portent sur la méthode réformatrice et débordent sur des propositions ingénieuses et très concrètes issues de son expérience, pour assainir la France, relancer l'investissement, faire aboutir le dialogue social, et surtout faire baisser le chômage en créant de vrais emplois !

On pourra contester non pas le diagnostic, assez évident à mes yeux quoique toujours discutable selon certains, mais les propositions, ou tel ou tel de leurs aspects. On ne pourra nier leur force. Ni la gravité de l'affaiblissement économique de la France et le risque de déclassement. Ni l'urgence. Sa démarche n'est pas obsédée par l'exemple allemand, même si elle en tient compte, tout en se nourrissant d'autres exemples européens.

Alors ? Lisons et méditons cet « Allemand qui parie sur la France » et a, avec amitié, beaucoup de choses utiles à nous dire.

Hubert Védrine

Avant-propos : mettre fin à l'immobilisme

Pourquoi au cours des vingt dernières années, ni sous une Présidence de droite, ni sous une Présidence de gauche, ni lors d'une cohabitation à la majorité très large, la France n'a-t-elle pas réussi à engager le mouvement de réformes structurelles dont elle a tant besoin ? Pourquoi à un moment où le déficit budgétaire, le chômage et le terrorisme menacent la cohésion sociale, aucune vision et aucun programme global ne sont proposés aux Français, ni par le parti au pouvoir, ni par l'opposition ? Pourquoi, lors de la discussion de la loi Macron, supposée moderniser l'économie française, la discussion des parlementaires et des syndicats se focalise-t-elle sur le nombre de dimanches où l'ouverture des magasins sera autorisée – ce qui représente probablement moins une infime partie du problème économique de la France ?

Pourquoi tant d'immobilisme ? Manque de vision ? Manque de courage ? Préférence pour l'autoflagellation ? Manque de cohésion ? Manque de consensus ? Pénurie de dirigeants à la hauteur ? Manque d'efficacité ? Certainement un peu de tout cela, mais les Français en ont marre... et je les comprends !

En tant que ressortissant allemand, vivant en France depuis plus de quarante ans, patron spécialisé dans la gestion d'entreprises en crise, adepte du positif, du concret, du pragmatique et de l'exécution... j'aimerais tellement que nos dirigeants politiques soient enfin capables de mettre en marche les réformes importantes et trouvent le chemin d'un retournement de la France.

Évidemment, la France n'est pas une entreprise... Si une entreprise, quelle que soit son activité, a pour vocation de satisfaire en même temps ses clients, ses actionnaires et ses collaborateurs, et de générer des résultats assurant son développement et sa pérennité, l'objectif d'un État est avant tout de protéger ses citoyens et de leur permettre de se réaliser, individuellement et collectivement, tout en bénéficiant du meilleur niveau de vie possible. Quoique sa conduite soit infiniment plus délicate, pour y arriver, un État en crise manifeste, au travers de ses dirigeants, de son gouvernement et de ses principales instances politiques - comme le montre cet essai -, aurait sans doute intérêt à s'inspirer davantage, en les adaptant bien sûr, des meilleures approches entrepreneuriales et des règles de gestion appliquées pour retourner avec succès des entreprises en difficulté.

Évidemment, pour diverses raisons un Allemand de naissance et Français d'adoption, comme je le suis, ne devrait peut-être pas se mêler de politique française et, encore moins, dispenser des conseils. Néanmoins, vivant dans ce pays depuis plusieurs décennies maintenant, j'aspire à ce que mon expérience, professionnelle comme personnelle, puisse contribuer à la réussite de la France. De plus, le grand nombre de fois où la politique allemande est citée en exemple, qu'elle suscite l'admiration ou le rejet de ses choix, et où la Chancelière, Angela Merkel, est plébiscitée par les Français[1], rend intéressantes des comparaisons ponctuelles - surtout si ces rapprochements émanent d'un Allemand qui a choisi de vivre et de rester France, parfaitement biculturel, et qui souhaite ardemment que son pays d'adoption réussisse. Plus encore, si ces idées permettent de contribuer à une convergence franco-allemande, plutôt qu'à un éloignement au sein d'une Europe très hétérogène, qui peine à se rassembler autour d'un projet commun.

Évidemment, un dirigeant d'entreprise, comme l'a été l'auteur de cet essai, n'a ni la même formation, ni les mêmes objectifs et intentions qu'un décideur politique, fût-il Président de la République, Premier ministre, Ministre, Député, Sénateur, Maire ou à la tête d'une collectivité territoriale. Quoiqu'un entrepreneur, nécessairement proche de ses laboratoires, usines ou magasins, de ses clients et collaborateurs, expérimente obligatoirement une proximité avec le terrain et une exposition permanente aux réalités quotidiennes qui, plus qu'ailleurs en Europe, fait défaut aux élites françaises.

Je pense avoir acquis une véritable légitimité dans la gestion de situations complexes, ayant conduit le redressement, jugé réussi par divers observateurs, d'une dizaine d'entreprises en difficulté, appartenant à des secteurs très variés et disposant de filiales en Europe et dans le monde.

1 « Les Français votent Merkel », *Le Journal du Dimanche,* 14 décembre 2014.

Une chose est certaine : la France a un besoin urgent de faire de la politique autrement et d'entreprendre un « retournement » (terme emprunté à l'anglais « *turn around* », bien plus positif que le terme français « redressement »). Et, en premier lieu, du retour à un climat de confiance envers l'avenir de la France, sans lequel aucune libération des initiatives et aucun projet de retournement et de réformes fondamentales n'est envisageable. Cela n'est pas souvent mis en avant mais, interrogés dans un sondage IPSOS sur le niveau de confiance dans leurs institutions[1], les Français disent désormais avoir bien davantage confiance dans les entreprises (à 84% dans les petites et moyennes entreprises, à 38% dans les grandes entreprises) que dans le monde politique (à seulement 8% dans les partis politiques et à 28% dans l'Assemblée nationale).

Cet essai, loin de vouloir se substituer aux hommes et femmes politiques dans le « que faire » - bien qu'il ne s'exonère pas de proposer des solutions concrètes au problème le plus grave de ce pays, le chômage -, a l'ambition d'apporter une contribution essentielle au « comment s'y prendre » pour « retourner » la France. Sans ignorer que le monde politique répond à ses propres règles, contraintes et calendrier, et au risque de s'entendre dire « qu'il n'y comprend rien » ou qu'il est un rêveur, l'auteur prend le pari que, mené « professionnellement » et surtout bien expliqué, tout est possible, même en France, à partir d'idées simples, pragmatiques et de bon sens. Les Français ont aujourd'hui conscience qu'un changement important est nécessaire. Et, contrairement à ceux qui font de la critique, du catastrophisme, de la peur et du « France *bashing* » un fonds de commerce florissant, ses idées sont positives et mobilisatrices.

Enfin, plutôt que de s'en tenir, comme beaucoup d'essais politiques, à l'analyse et à l'explication des causes - toujours utiles -, cet essai est à 90% tourné vers des solutions qui tentent de pousser la réflexion intelligente et pertinente des hommes et femmes qui nous dirigent dans une direction qui correspond à mon naturel allemand : vers davantage de mise en œuvre concrète, pragmatique et efficace des réformes préconisées, ainsi qu'au suivi régulier et quantifié des résultats obtenus. Toute nouvelle mise en œuvre ou expérimentation devrait s'accompagner d'une évaluation systématique et transparente de ses résultats.

Si nos décideurs politiques, actuels ou futurs, trouvaient dans cet essai, ne fût-ce que deux ou trois idées leur permettant de trouver le chemin du « comment mieux diriger la France » et jugeaient utile de les

1 IPSOS, *fractures françaises, vague 2,* janvier 2014.

mettre en œuvre par la suite, cet ouvrage aura pleinement joué son rôle de « boîte à outils » et le pari sera gagné. Le pire et le plus décevant serait que beaucoup de ces idées soient jugées excellentes, mais qu'aucune ne soit appliquée !

Un Allemand qui veut faire gagner la France

Né en 1946, peu de temps après la fin de la guerre, et ayant passé toute ma jeunesse à Berlin (Ouest) entre 1950 et 1970, une ville en crise permanente, isolée, encerclée, deux choix (ou hasards de la vie ?) ont fortement influencé le cours de mon existence : d'abord la décision de mes parents de m'inscrire, leur fils unique, au Lycée Français, et donc de me permettre d'acquérir très tôt une bonne maîtrise de la langue française, d'obtenir mon baccalauréat en même temps que mon Abitur allemand et de participer à de très nombreux échanges franco-allemands – d'un séjour dans une famille française, dans le cadre de l'Office franco-allemand de la jeunesse, à des travaux d'entretien d'un cimetière de la Première guerre mondiale à Ars-sur-Moselle, d'un échange universitaire à Chamonix-les-Praz, à un stage journalistique au journal télévisé de l'ORTF.

Puis, en l'absence d'idée très précise quant au projet professionnel et aux études qu'il « faudrait » suivre, le fait d'avoir choisi un cursus en Sciences Politiques qui conduit, selon le dicton allemand, à avoir « des ouvertures sur tout mais des prédispositions pour rien » – a éveillé mon intérêt pour le monde politique et m'a permis de devenir, en 1968, l'accompagnateur de nombreux journalistes français (Bernard Volker, Raymond Marcillac, Léon Zitrone, etc.) en visite à Berlin. Je me souviens encore comme si c'était hier de cette frayeur qui nous envahissait quand nous montions, de nuit, sur une petite plate-forme surplombant le Mur et que, repérés, les projecteurs des soldats d'en face s'arrêtaient sur nous, déclenchant alors les aboiements des chiens laissés libres dans le no man's land... Quelle exaltation également de rencontrer, généralement pour coller des affiches ou distribuer des tracts pendant une campagne électorale, des hommes politiques aussi extraordinaires que Willy Brandt et Pierre Mendès-France.

Cette période m'a aussi permis de créer, grâce à un échange scolaire entre Bois-Colombes et Berlin, une amitié profonde, toujours intacte, avec Hubert Védrine, ancien Conseiller et Secrétaire général de l'Élysée sous François Mitterrand puis ministre des Affaires étrangères du temps de Jacques Chirac, sous le gouvernement Jospin.

Ma vie professionnelle, dans laquelle j'ai toujours pu compter sur le soutien sans faille de mon épouse française, Carole, née au Cambodge, ayant passé toute sa jeunesse au Vietnam, avocat et Maire-adjoint dans une ville de la banlieue parisienne (où elle est en charge des ressources humaines et de la formation), et au cours de laquelle mes quatre enfants (dont le seul « défaut » consiste à ne pas être tout à fait bilingues...) m'ont récompensé par des études en école de commerce, a ensuite, été marquée par différentes étapes qui ont posé les jalons d'une carrière fascinante bien qu'assez inhabituelle.

Dix ans en tant que Consultant et Associé du cabinet de conseil McKinsey & Company à Paris (le bureau allemand, pourtant en plein essor, n'ayant pas voulu de ma candidature...) pour découvrir – par l'analyse et par les chiffres et en apportant des éclairages stratégiques et organisationnels – le monde de l'entreprise dans de très nombreux pays (outre la France, l'Allemagne, la Belgique, les Pays-Bas, l'Espagne, l'Algérie, les États-Unis, etc.). McKinsey a été ma vraie école et, grâce à la variété des clients et de leurs problèmes, la diversité dans l'origine et le tempérament de mes collègues et le professionnalisme qui y règne, j'y ai vécu des moments vraiment exceptionnels.

Puis, pendant trente ans, en tant que dirigeant aux commandes d'entreprises en difficulté, responsable moi-même d'une dizaine de retournements jugés, malgré un ou deux demi-échecs (100% de réussite n'existe pas...), plutôt réussis et, dans le cadre de mon propre cabinet, Management Partenaires, pilotant une équipe de gestionnaires expérimentés, détachés auprès d'une centaine d'entreprises, de PME, d'ETI ou de filiales de grands groupes en crise.

J'ai alors souvent été appelé comme « homme de la dernière chance » et, après la découverte des problèmes, déployé toute mon énergie et mon charisme pour remonter le moral des troupes et mettre en œuvre, rapidement et efficacement, quelques mesures décisives pour la pérennité de l'activité : à la Chapelle-Darblay, dans le papier journal – alors dans la circonscription de Laurent Fabius –, par la sortie d'un conflit social d'une rare violence et le lancement d'un outil industriel sophistiqué, tout neuf ; chez Boussac, dans le lin, lors de l'arrivée de Bernard Arnault, par la refonte de deux anciennes usines dans une troisième, située à proximité (en France), en un temps record, et la création de la Société Française du Lin ; à la Société des Vins de France, par une sortie du « gros rouge » et un repositionnement de la gamme des produits sur les vins de marque et les Crus (quelle idée de confier la direction d'une entreprise leader dans le produit le plus français, le vin, à un Allemand...) ; chez Bull Europe et Overseas, dans l'informatique, par un changement de métier passant d'un « *box mover* » à un intégrateur de systèmes et prestataire de services d'infogérance, avec une ouverture de l'actionnariat à l'ensemble du personnel ; chez Bertrand Faure, dans les sièges automobiles, pour permettre l'intégration de l'acquisition allemande RHW à Stadthagen, en Basse-Saxe, alors que Gerhard Schröder était Ministre-Président du Land ; dans le groupe Danone, en améliorant de façon significative, et à deux reprises, la productivité et les prix de revient à la Générale de Biscuit Belge et chez BSN glasspack ; chez Philips, par la sortie d'une activité non compétitive et lourdement en perte au sein d'un grand groupe, la téléphonie mobile, avec un plan social « modèle » et la recherche de repreneurs, principalement Chinois ; chez Getronics, aux Pays-Bas, dans une entreprise mondiale de services informatiques employant 25 000 personnes, cotée à la bourse d'Amsterdam, par le maintien de la confiance des partenaires stratégiques (Dell, Microsoft, Cisco, etc.) et des clients dans une entreprise jugée, à tort, en quasi-faillite ; enfin, chez Debitel, opérateur virtuel de téléphonie mobile en Allemagne, aux Pays-Bas et en France, par la fidélisation de plus de 10 millions d'abonnés et un investissement massif dans l'outil de distribution (boutiques et internet).

Mettant, dans toutes ces interventions au profit du retournement « une capacité d'analyse peu commune, des idées, une solide connaissance de la gestion et des facultés humaines qui forcent l'adhésion »[1], j'ai eu l'immense honneur d'être fait chevalier de la Légion d'Honneur par Jacques Chaban-Delmas, en 1992, pour les services que j'avais rendu à ce pays... quelle satisfaction pour « un étranger ayant choisi la France » !

Et, quel privilège de pouvoir dire que, « si c'était à refaire », je choisirais volontiers la même vie professionnelle, n'ayant pratiquement jamais été atteint par l'ennui, le manque de motivation ou, pire, le sentiment de m'être trompé de métier.

Fort de mes expériences et, surtout, ne pouvant être soupçonné d'aucune allégeance politique et ne « roulant » strictement pour personne (encore que mon pragmatisme me permettrait de me sentir à l'aise

1 *Paris Normandie,* 24 avril 1985.

partout, entre la social-démocratie, le centre et la droite sociale-libérale, à condition de pouvoir participer à l'obtention de résultats d'amélioration concrets et tangibles...), je ne souhaite qu'une chose : que mon pays d'adoption, la France, parvienne à mettre en œuvre rapidement et sérieusement les réformes indispensables et réussisse enfin à « se retourner ».

Les femmes et hommes qui « parient sur la France » ne sont actuellement pas très nombreux, et leurs voix positives et mobilisatrices se perdent dans l'océan des critiques, des mises en garde et des « fictions » catastrophiques. Les Allemands qui parient sur le retournement réussi de la France sont quasi inexistants, et les rappels à l'ordre régulièrement adressés à la France par le ministre Allemand des Finances, Wolfgang Schäuble, et, plus sévèrement encore, par le Commissaire européen d'origine allemande, Günther Oettinger, sont moyennement appréciés et correspondent davantage à l'image que les Français se font d'un Allemand un peu rigide. J'y crois sincèrement, à condition que la crise serve de catalyseur et que la « boîte à outils » que propose ce livre soit utilisée.

Les événements du 7 janvier 2015, la mobilisation et la solidarité qui les ont suivies, me réconfortent dans ma conviction qu'un retournement de la France est possible, et que les Français sont désormais prêts. À condition d'être dirigés par des hommes et des femmes qui leur proposent une vraie vision et un programme ambitieux pour la France de demain, des dirigeants dans lesquels ils peuvent avoir confiance, qui « parlent vrai », cultivent la transparence, transgressent les postulats politiques traditionnels et se sentent investis d'une mission historique. Ainsi susceptibles d'écrire, avec succès, une nouvelle page d'histoire de ce merveilleux pays pour lequel les Allemands ont créé, à juste titre, le proverbe du « vivre comme Dieu en France » (« *leben wie Gott in Frankreich.* »).

Quand rien ne va plus

Tout patron d'une entreprise, petite ou grande, s'efforce, exercice après exercice, d'améliorer les résultats de l'activité dont il a la responsabilité : augmenter le chiffre d'affaires en France et à l'étranger, faire progresser le résultat d'exploitation, améliorer la marge brute et la trésorerie disponible (le « *cash* ») par le biais des principaux ingrédients qui y contribuent, l'innovation, le marketing, la satisfaction client, les achats, les investissements, la productivité, l'efficacité de l'organisation, la motivation des collaborateurs, le niveau raisonnable des frais généraux, etc. Malheureusement, et même en cas de progression des résultats pendant une longue période (certains groupes comme l'Oréal, par exemple, ont vu leurs résultats progresser sans interruption pendant plus de dix ans d'affilée), il arrive tôt ou tard une phase plus difficile : le marché stagne ou régresse, la technologie évolue et rend obsolète tel ou tel produit, les prix de vente sont sous pression, de nouveaux concurrents apparaissent, l'organisation s'ankylose… C'est alors qu'un changement s'opère souvent à la tête de la Direction, que l'équipe est – au moins partiellement –, renouvelée, qu'une réflexion stratégique conduit à une nouvelle vision et à de nouveaux objectifs, qu'un programme pluriannuel d'investissements et de réduction des coûts est lancé, le tout permettant de retrouver le plus rapidement possible une amélioration de la compétitivité ainsi qu'un progrès des performances.

Mais il existe des situations bien plus compliquées : des ruptures technologiques ou d'habitudes de consommation, qui remettent en cause le cœur d'activité de branches industrielles ou de services entiers (telles que, par exemple, le passage de la production d'électricité à partir du charbon au nucléaire et aux énergies renouvelables, ou le passage de la vente en magasin à la vente en ligne, ou l'arrivée de la mondialisation et l'émergence économique de pays à faible coût de main-d'œuvre, qui bouleversent la compétitivité de secteurs tout entiers et des entreprises qui les composent).

Et, enfin, le cas d'entreprises qui ont trop tardé à renouveler leur stratégie ou dont les projets de transformation à répétition ont malheureusement échoué.

Dans toutes ces situations, le dirigeant d'entreprise, alerté par les principaux indicateurs de performance (en anglais KPI, *key performance indicators*) de son tableau de bord, constate que tous les voyants passent au rouge : la part de marché diminue, la marge brute se dégrade et la trésorerie se rétrécit, ne permettant plus d'augmenter, voire de maintenir les investissements techniques, commerciaux et humains indispensables. Les clients et les fournisseurs commencent alors à s'interroger sur la viabilité de leur partenaire à long terme. Le personnel, souvent traumatisé par plusieurs restructurations partielles et successives, s'interroge sur la pérennité des emplois et de l'entreprise.

Dans une telle situation, les mesures consistant à colmater les difficultés de l'entreprise à court terme – baisse des prix de vente, déstockage forcé, maintien d'une capacité de production supérieure aux débouchés commerciaux, recherche de concours financiers d'appoint, etc. – ne permettent généralement plus d'éviter une crise qui, sans traitement adéquat, conduit tôt ou tard, soit à la reprise d'une partie ou de l'intégralité de l'activité par un concurrent plus performant, soit à la disparition partielle ou totale de l'entreprise dans le cadre d'une faillite.

La situation de la France en 2015 est malheureusement comparable à bien des égards à celle d'une entreprise en crise. Elle a été fréquemment décrite et déplorée, et le but de cet essai étant de proposer des pistes de solutions plutôt que d'évoquer des problèmes bien connus, ce chapitre se limitera à en rappeler l'essentiel : en effet, la part de marché de la France dans le commerce mondial est passée de 5,8% en 1995 à 3,1% en 2013 et sa balance commerciale, irréfutable juge de paix, excédentaire de 23 milliards d'euros en 1997, accuse un déficit de 53,8 milliards d'euros en décembre 2014. Son attrait pour les investisseurs étrangers, surtout américains, a fortement diminué (dans le classement 2013 de la CNUCED, la France se classait 42ème pour les flux entrants, alors qu'elle était encore 10ème en 2010) et beaucoup de sièges sociaux (Schneider, Lafarge, etc.), de personnes fortunées et, bien plus grave encore, de jeunes talents quittent la France pour s'installer à l'étranger (les communautés françaises à Bruxelles, Londres, Marrakech, au Canada et aux États-Unis explosent). Les déficits budgétaires dépassent toujours sensiblement le 3% (4,3% en 2013 et, heureuse surprise, 4% en 2014 par rapport à une moyenne européenne de 2,6% en 2014) et sont utilisés principalement pour faire vivre un système social qui peine à se réformer ou pour couvrir les dépenses de fonctionnement de l'État plutôt que pour financer des investissements d'avenir. Les dépenses publiques ont atteint 57% du PIB en 2013 et l'endettement frôle désormais les 100% du PIB. La croissance est proche de zéro et le chômage progresse de mois en mois depuis 2008 pour atteindre désormais plus de 3,4 millions de personnes n'ayant aucune activité (catégorie A), soit près de 11% de la population active, avec des pics à 24% chez les jeunes de moins de 25 ans, et 5,2 millions de personnes, si l'on y inclut les demandeurs d'emploi qui exercent une activité à temps partiel mais recherchent un travail à plein-temps.

Les partenaires de la France, les institutions européennes, le Fonds monétaire international (FMI) et l'Allemagne en tête finissent, en dépit des déclarations françaises, par douter de la volonté, voire de la capacité, de la France à mener les réformes structurelles qui s'imposent. Les rappels aux obligations contractées par traités, négociés et signés sous Nicolas Sarkozy, ratifiés sous François Hollande, et à des changements profonds et indispensables sont devenus réguliers. Ce ne sont que le poids économique de la France (« *too big to fail* ») et la crainte qu'un accès de faiblesse éventuel de sa part n'entraîne l'Europe et l'euro dans une deuxième crise grecque plus grave encore, qui lui permettent de trouver les capacités de financement nécessaires (avec un besoin de 215 milliards d'euros pour la seule année 2015), à des taux d'intérêt historiquement bas (moins de 1% pour des emprunts à 10 ou 15 ans).

Or, depuis la crise mondiale de 2008 – initiée par la chute de Lehman Brothers – et la faillite du système – devenu irresponsable – des prêts immobiliers américains, à laquelle l'Europe, grâce à une Banque centrale européenne très réactive et à des chefs d'État lucides, a su, en grande partie, échapper, la situation a fortement évolué. Comme le disait un participant brésilien à la conférence du Cercle des Économistes à Aix-en-Provence, en 2013 : « De quelle crise parlez-vous ? Nous ne connaissons pas la crise. C'est de votre crise européenne qu'il s'agit désormais... ». En effet, si l'économie américaine et les économies des BRICS et de la plupart des pays émergents ont retrouvé un niveau de croissance élevé, mais ensuite bridé (avec une croissance de 3,4% prévue en 2014 par rapport à une moyenne de 6,5% au cours de la dernière décennie[1]), c'est l'Europe qui, avec des écarts notables entre les différents pays, continue à souffrir d'une croissance historiquement faible, d'un chômage de masse et d'un endettement élevé et, à l'exception de l'Allemagne, toujours en progression.

1 Institut Montaigne, *La France, le G20 et les «Pays émergents»- un nouvel équilibre des pouvoirs ?*, document de travail, janvier 2011.

Au sein d'une Europe qui stagne, la France se révèle de plus en plus être le maillon faible. Si le premier malade de l'Europe, la Grèce, s'est vu imposer un traitement de choc – ayant avec 300 milliards d'euros de dettes, soit 175% de son PIB annuel, dépassé très nettement ses capacités d'absorption, – avec pour conséquence l'arrivée au pouvoir, lors des élections de janvier 2015, de l'extrême-gauche qui s'est aussitôt employée à remettre en cause les accords financiers de ses prédécesseurs ; d'autres pays, comme l'Irlande, le Portugal, le Royaume-Uni, l'Espagne et l'Italie ont trouvé des leaders politiques qui ont assumé, bon gré mal gré, des réformes de structure fondamentales, notamment en matière de droit du travail et d'économies budgétaires. Même si ces réformes tardent parfois à produire les résultats trop impatiemment attendus et que, de toute façon, elles ne réussissent jamais à 100%, elles placent désormais les pays réformés ou réformateurs dans une situation plus favorable que celle de la France.

Nombreuses sont les voix qui prétendent que la France n'est « pas réformable » tant que le pays n'est pas au bord du gouffre, dans la tourmente et acculé, et qu'elle ne peut se réformer que par « révolutions », comme le déclare le volontiers provocateur Jacques Attali. En effet, même si l'attitude des Français face à la nécessité de réformer a commencé à évoluer et qu'une majorité considère désormais ces réformes indispensables, ils sont toujours moins de 50% à se dire prêts à accepter concomitamment des sacrifices personnels, reflétant ainsi le refus de perdre des privilèges et la crainte, compréhensible mais à courte vue, d'une détérioration de leur situation personnelle.

Ce n'est que depuis 2013, et surtout janvier 2014, que le Président François Hollande et, plus encore, son Premier ministre Manuel Valls, admettant que la compétitivité des entreprises françaises s'était trop dégradée pour des raisons qualitatives, mais aussi de coûts, et que les prélèvements avaient atteint un niveau trop élevé, ont annoncé des mesures correctrices. Mais, si ces mesures vont dans le bon sens, surtout le pacte de responsabilité et la loi Macron, elles continuent à être contrecarrées par des dispositifs défavorables, tels que, par exemple, les contraintes imposées aux cédants d'entreprises et le compte pénibilité.

Malheureusement, si le constat et la réalité sont connus de tous, individuellement et collectivement, ils ne sont pas assumés. Une partie des décideurs continue de se disputer sur le « à qui la faute », ce qui n'est plus le sujet. Beaucoup de dirigeants politiques savent parfaitement ce qu'il faudrait faire mais n'osent pas le faire ou ne savent pas comment y parvenir face à toute la classe politique, aux partis, presque tous les syndicats, aux organisations, aux corporatismes, etc. Et, ainsi, tout le monde reste enfermé dans ses intérêts particuliers et ses postulats, là où il faudrait avoir le courage de les transcender. Comme le disait le Chancelier Schröder : « soit nous nous modernisons en conservant comme cadre l'économie sociale de marché, soit la modernisation nous sera imposée par les forces irrésistibles du marché qui, elles, ne tiendront pas compte de la dimension sociale ».

Permettre enfin la modernisation de la France, une autre façon de faire de la politique et, pourquoi pas, en s'inspirant des « retournements » réussis en Allemagne et dans d'autres pays réformateurs - tout en les adaptant à la situation et à la mentalité française –, voilà le pari que je prétends possible de relever !

De l'incapacité de réformer

Quand, dans une entreprise, le dirigeant ignore les voyants qui passent au rouge, tarde à agir ou prend les mauvaises décisions, les sanctions ne se font généralement pas attendre. La valeur de l'entreprise, cotée ou non, dégringole, les banques durcissent leurs conditions, les conflits sociaux se multiplient, le conseil d'administration se manifeste et met la pression et, en dernier lieu, la direction est souvent débarquée.

La liste des réformes structurelles que la France a entreprises au cours des dix à quinze dernières années, reste très courte : une réforme des retraites en plusieurs étapes (réforme Balladur en 1993, réforme Fillon en 2003, réforme des régimes spéciaux en 2008, réforme Woerth en 2010, réforme Hollande en 2013) mais toujours d'un niveau insuffisant, qui refuse un basculement partiel vers un système par capitalisation et laisse à la jeune génération la certitude amère qu'elle ne pourra pas nécessairement compter sur une retraite[1]. Des tentatives permanentes, mais très en-deçà des besoins, pour réduire le déficit de la Sécurité sociale (faisant désormais de la santé le domaine pour lequel les Français sont les plus réfractaires à toute nouvelle réforme, mais aussi celui qui suscite le plus de polémiques, notamment à l'égard des bénéficiaires en situation irrégulière[2]). La réforme des 35 heures, très différemment appréciée. Et quelques réformes, certes très utiles mais limitées (comme celles de la poste, de la sécurité routière, de la lutte contre le tabac ou de la gestion des universités).

En revanche, aucune des préoccupations majeures des Français – ni le logement, ni l'éducation, ni la sécurité, ni les banlieues, ni la

1 « 66% des 18-24 ans et 63% des 25-34 ans ont plus confiance dans l'épargne que dans la retraite », sondage CSA pour le Conseil supérieur du notariat, publié le 2 octobre 2012.

2 « 49% des Français sont favorables au maintien de l'aide médicale d'État à condition que celle-ci soit accompagnée d'une participation financière des étrangers en situation irrégulière qui bénéficient de soins, quand une forte minorité (31%) opte pour sa suppression pure et simple et 20% seulement souhaiteraient que ce dispositif soit maintenu en l'état. », *Les Français et l'aide médicale d'État*, sondage Ipsos, novembre 2010.

désindustrialisation, ni le déficit budgétaire, ni le chômage – et la liste n'est pas exhaustive – n'a été vraiment résolue par la droite ou par la gauche. Pourquoi ?

Tout d'abord, rares sont les dirigeants politiques qui osent vraiment s'affranchir des échéances électorales et placer ainsi le service de la nation au-dessus de leur destin personnel. Très logiquement, les solutions proposées ne sont jamais allées assez loin et la préférence a été donnée aux replâtrages successifs plutôt qu'à des réformes radicales qui auraient pu changer la donne.

Ensuite, les paroles, souvent musclées, et les intentions louables ont vite trouvé leurs limites en termes de faisabilité. Quelle déception de découvrir que, même pour un Président de la République, la volonté politique – si forte soit elle – ne suffit pas, si elle n'est pas fortement appuyée par l'administration ; hélas, l'administration française se caractérise, dans la plupart des cas, par sa force d'inertie et son désir de préservation des acquis.

Autre élément extrêmement nuisible à l'aboutissement de toute réforme : l'absence totale de continuité au sommet de l'État, en commençant par la tendance au détricotage systématique des mesures du dirigeant précédent, suivi du renouvellement, à plusieurs reprises, y compris au cours du même mandat, des membres du gouvernement. Sans doute vaut-il mieux un Ministre moyen sur une longue période que trois ou quatre Ministres brillants au cours d'un septennat ou, pire encore, d'un quinquennat – faute de quoi toute mesure ayant besoin d'un délai d'implémentation de cinq à dix ans (ce qui est le cas de 80% des réformes...) n'aura aucune chance d'aboutir.

Enfin, la superposition et, souvent, la concurrence ouverte entre différents Ministères et leurs équipes de conseillers respectifs, ou entre structures politiques centrales, régionales et locales, rendent la gestion de tout projet inefficiente – quand ils n'aboutissent pas, tôt ou tard, à un blocage total.

De tout ceci résulte une incapacité flagrante des politiques en France, non pas à préconiser ce qu'il faudrait faire, mais à définir et appliquer les méthodes qui permettront d'y parvenir. C'est pourquoi, cet essai est, avant tout, tourné vers le « comment faire », quelles que soient les mesures préconisées selon la sensibilité politique du dirigeant en fonction, et sur la façon de réussir leur mise en œuvre, quelles que soient les résistances rencontrées.

Partager une vision et un programme

Dans une entreprise, surtout en situation difficile, aucun retournement et aucune relance ne sont imaginables sans une vision claire, partagée et explicitée de la nouvelle stratégie. Généralement avec l'aide d'un consultant spécialisé, choisi par les actionnaires en accord avec le dirigeant de l'entreprise et, en dépit de toutes les incertitudes et rebondissements que connaît notre époque, l'entreprise formalisera ses choix à court et moyen terme, fondés sur un mélange fait de son savoir-faire traditionnel et d'opportunités nouvelles du marché. Quels produits, pour quels clients ? Quels services associés ? Quelle valeur ajoutée réalisée au sein de l'entreprise et quelle partie sous-traitée ? Quel avantage compétitif par rapport à la concurrence la plus comparable ? Quelle orientation géographique, entre la France et l'export ? Quels investissements de recherche et développement, commerciaux, de production, de logistique et quels besoins en ressources humaines ? Quelle organisation ?

Souvent, la vision comporte une partie importante de « montée en gamme » vers des produits plus sophistiqués et plus techniques, donc plus chers et plus difficilement copiables (comme j'ai pu le pratiquer dans la filature de lin, vers des numéros de fil plus fins ou, dans le vin, avec l'abandon du litre 6* au profit du Vieux Papes et des Grands Crus, réunis au sein d'une nouvelle activité « Crus et Domaines de France »). La vision comporte également une (re)concentration de l'entreprise sur les parties de la valeur ajoutée les plus techniques ou qui permettent la plus grande différenciation, comme le développement de nouveaux produits et la distribution, dans les téléphones mobiles ou encore un service d'intégration de logiciels – du type SAP ou Oracle – dans l'informatique. En règle générale, après un exercice d'analyse, de réflexion et de discussion de deux à trois mois, un plan stratégique voit le jour, avec les quelques chiffrages de cadrage indispensables mais, à ce stade, sans trop de détails.

S'agissant de la France et de la plupart des pays développés, les choses sont bien différentes. Ainsi, aucun des derniers Présidents ou gouvernements n'ont été élus sur la base d'un vrai projet de réformes pour le pays, mais plutôt à partir d'un catalogue de mesures électorales, souvent sans véritable cohérence entre elles. Surtout, une fois en fonction, rattrapés par la réalité économique et ayant déjà en tête les prochaines échéances électorales, la politique poursuivie s'est rapidement écartée de ces promesses de campagne. Pour cela, entre autres, les Français ont développé une méfiance croissante vis-à-vis des politiques et ne leur accordent plus que très peu de crédit pour résoudre les problèmes auxquels la France est confrontée ; pire, selon un sondage IFOP pour le *Journal du dimanche*, en date du 16 août 2014, ils ne sont plus que 18% à estimer que l'exécutif peut réduire les déficits publics, 16% à penser qu'il sait améliorer la croissance économique et 15% qu'il arrivera à inverser la courbe du chômage. Pire, selon une enquête IPSOS déjà citée sur les fractures sociales de janvier 2014, 65% des Français adhèrent à l'affirmation que « la plupart des politiques sont corrompus » (+3% par rapport à 2013), 78% souscrivent à l'énoncé suivant : « le système démocratique fonctionne plutôt mal en France, j'ai l'impression que mes idées ne sont pas bien représentées » (+6% par rapport à 2013) et 84% partagent l'opinion que « les hommes et les femmes politiques agissent principalement pour leur intérêt personnel, les hommes et les femmes politiques ne se préoccupent pas de ce que pensent les gens comme vous » (+2% par rapport à 2013).

Aussi, comment ne pas être accablé par les résultats d'une enquête d'IPSOS[1], menée en avril 2013, qui révèle le désarroi et le désappointement des Français à travers le faible taux d'adhésion aux valeurs fondatrices de la République. Interrogés sur « quels sont, parmi les suivants, les modèles de société qui correspondent le plus aux valeurs qui sont importantes pour vous ? » arrivent en tête des propositions le souhait d' « une société qui permet à chacun de s'élever par le travail et le mérite », qui ne recueille toutefois que 43% des réponses (pourtant les choix multiples étaient possibles). « Une société plus humaine, moins dominée par des valeurs marchandes » recueille 40% des choix, suivie d' « une société qui protège des risques liés au chômage, à la maladie et à la vieillesse » (38%). Il est saisissant de constater qu'« une société qui combine la liberté d'entreprendre et un fort niveau de protection sociale » ne réunit que 22% des choix, « une société qui donne à chacun le maximum de liberté pour entreprendre » seulement 14% et « une société dont les valeurs rayonnent au-delà de ses frontières » seulement 7%.

1 IPSOS « Entre contraintes et volontarisme, quel rêve français », avril 2013

Et pourtant la réaction spontanée des Français aux attentats de janvier 2015, l'élan de solidarité pour défendre les valeurs de la République, la tolérance et la fierté d'appartenir à une même nation, ont rappelé à tous de quoi les citoyens français, de toutes origines et sensibilités politiques, sont capables dans une situation difficile et qui sous-tend des enjeux majeurs.

Il serait donc souhaitable, voire indispensable, que les candidats à la prochaine élection présidentielle proposent aux Français un vrai projet de société, qui interroge quelques grandes problématiques : quelle combinaison entre équité et égalitarisme ? Quel degré d'ouverture à la mondialisation ? Quel degré de délégation de souveraineté à l'Europe ? Quelle solidarité et quelles exigences ? Quelle évolution du système social à la française ? Quel espace pour les libertés privées et quel degré d'intervention de l'État ? Quelle sélectivité pour l'immigration ? Quelle répartition des fonctions de l'État entre le pouvoir central, les régions et les communes ? Quel niveau de prélèvements ? Quel prix payer pour la protection de l'environnement ?

Déjà, les réponses à ces premières questions détermineront les efforts à entreprendre pour retrouver une cohésion nationale qui, en dépit du discours politique officiel, se fissure, et pour convaincre les Français de s'engager pour ces réformes structurelles indispensables, quel qu'en soit le coût.

Ce débat sur la France de 2030, « l'Agenda 2030 » (par analogie avec l'Agenda 2010 du Chancelier Schröder), sur lequel il revient davantage aux générations futures de s'exprimer plutôt qu'aux détenteurs du pouvoir actuel, pourrait facilement avoir lieu – en partie – sur les réseaux sociaux. Initié et piloté par une coalition de dirigeants politiques de droite et de gauche, de leaders d'opinion de la société civile et de dirigeants d'entreprise, tous crédibles et respectés, il permettrait aux futurs candidats à la Présidence, et aux élus locaux, de connaître les attentes des Français, les sacrifices auxquels ils sont prêts, dans quels domaines et à quelles conditions. Bien évidemment, ce premier débat ne serait qu'une photographie instantanée, susceptible d'évoluer en fonction des idées, des programmes et de la pédagogie déployée. L'évolution aura donc autant d'importance que le point de départ.

Puis, il s'agira de concrétiser la vision ainsi dégagée par un vrai programme, adressant les réformes qui seront mises en œuvre immédiatement au lendemain de l'élection, mais également celles qui ne sont, au moins pour l'instant, pas envisagées (voir le chapitre « Le choix des priorités »).

Contrairement à l'Allemagne qui, après les impulsions fortes données par le chancelier Schröder, a confirmé sa capacité à avancer dans la continuité, à petits pas mais de façon pragmatique, la modernisation de la France nécessitera un « big bang » ; d'autant plus considérable qu'il aura été retardé par des blocages de toutes sortes. Il faut espérer que ce « big bang » se fasse sur la base d'un vrai débat démocratique, éclairant, à partir, comme souvent dans l'histoire française, d'un bouleversement interne, et non pas sous la contrainte ou imposé par des évolutions exogènes.

À situation exceptionnelle, solutions exceptionnelles

L'entreprise en difficulté dont les pertes s'accumulent et dont la trésorerie est exsangue aura nécessairement, ne serait-ce que pour éviter la faillite et le démantèlement, recours à des solutions hors du commun. Tout d'abord, ses actionnaires feront, dans la plupart des cas, appel à un dirigeant charismatique qui, en menant un plan de retournement drastique, ne mettra pas forcément en jeu sa propre carrière professionnelle, d'autant qu'il ne restera pas nécessairement en poste une fois l'entreprise remise sur les rails.

Comme il est vrai que retourner une entreprise en difficulté pendant 18 à 24 mois ne fait pas appel aux mêmes techniques et talents que la conduite d'une entreprise en période « normale » et dans une perspective de gestion à long terme, j'ai souvent, en accord avec ses actionnaires, passé la main, une fois achevée la phase critique du retournement.

Ce dirigeant réunira ensuite une équipe de femmes et d'hommes exceptionnels dont l'expérience, le talent, la capacité d'entraînement et la détermination offrent toutes les chances de réussir un projet de retournement très difficile (et s'appuyant, le plus souvent, sur plus de 90% des responsables déjà en place mais totalement « reboostés »).

Enfin, les mesures prises comporteront obligatoirement une partie d'idées totalement neuves (« *out of the box* ») et jugées, souvent, impensables de prime abord. Comme j'ai pu le pratiquer, là où la plupart des produits étaient vendus en-dessous du prix de revient (plus on vendait, plus on perdait...), ou ne se vendaient plus du tout, avec l'arrêt temporaire de presque toute la commercialisation, dans l'attente de sortir des produits plus compétitifs et rentables ; ou, là où pour redevenir compétitif, j'ai pratiqué la « fusion » de deux usines à partir du meilleur matériel existant, auquel s'ajoutait l'achat de quelques machines « dernier cri » ; ou, là où pour faire baisser les prix de revient de façon spectaculaire, nous avons procédé à la reformulation intégrale de la composition des produits, en faisant appel à des ingrédients nouveaux, davantage prisés par le consommateur, mais sensiblement moins chers.

Cette expérience transposée dans le monde politique - de gestion de crises et de solutions exceptionnelles - tend à prouver que la France a besoin d'un Président dont l'attention et l'énergie soient focalisées à 100% sur le retournement du pays, et donc peu soucieux de sa réélection, de Ministres expérimentés et compétents - donc, au moins en partie, de « technocrates » –, de parlementaires et, surtout, de fonctionnaires engagés, non pas à défendre le *statu quo* mais à faire aboutir les réformes.

Pour la France, l'objectif de sortir de la crise et de retrouver la position solide de deuxième économie européenne, nécessitera ensuite des mesures très différentes de celles qui peuvent être prises en temps « normal ». En créant un véritable électrochoc, en répétant qu'il s'agit d'une phase de transition, en faisant preuve d'audace sans se laisser enfermer dans de vieux schémas de pensée, en modernisant profondément d'un seul et premier coup (et non par touches successives) et en neutralisant un temps les jeux politiciens... les mesures à prendre seront forcément d'une ampleur inégalée et, pour partie, totalement nouvelles et en rupture avec le passé. Rares sont les projets actuellement en chantier qui résistent aux critères d'exception évoqués et pourtant indispensables.

Ces mesures ne pourront être prises et acceptées que si les Français sont convaincus qu'elles constituent le seul moyen de « sauver » le pays et d'améliorer la situation de tous et de chacun, surtout celle des générations futures ; et qu'une contribution juste et équitable est demandée à chaque citoyen. D'où la nécessité de proposer une vision globale et attractive de la France de demain et de présenter ce programme sous un angle éminemment positif, plutôt que sous la forme de menaces pesant sur l'acquis et de nouvelles contraintes. D'où la nécessité de présenter ces mesures dans leur intégralité et leur cohérence. Par exemple, le projet d'un contrat de travail unique, dont les droits augmentent avec l'ancienneté, couplé à une flexisécurité qui rend les licenciements plus faciles mais également le retour à l'emploi plus probable et plus rapide, grâce à une formation quasi-obligatoire et une incitation financière très motivante pour celui qui accepte une grande flexibilité professionnelle et géographique dans la recherche d'un nouvel emploi ; tout cela étant extrêmement lié. Par exemple, un glissement, en fonction de l'évolution de l'espérance de vie, vers un départ à la retraite à 68 ou 70 ans à l'horizon 2040-2050, accompagné de mesures incitant à une fin d'activité « en sifflet » et comprenant des étapes intermédiaires, telles un temps partiel, un statut d'auto-entrepreneur, de formateur ou une implication dans des travaux d'utilité publique, etc. et incitant, en même temps, à la constitution d'une retraite complémentaire par capitalisation, fortement défiscalisée.

Comment adopter les premières réformes avec rapidité et efficacité ? Aussi exceptionnelles que les mesures elles-mêmes devra être la méthode mise en œuvre. Grâce à une large majorité au Parlement, si la loi électorale reste inchangée et que tel est le résultat des urnes. Ou, si la loi électorale évoluait vers une dose de proportionnelle, grâce à une « grande coalition » comprenant la social-démocratie, le centre et la droite social-libérale ou, plus difficile mais pas impossible, avec une majorité de circonstance[1], composée de députés appartenant à une « coalition majoritaire pour la réforme », constituée pour une législature, voire pour une durée plus courte, justifiée par la gravité de la situation et mettant temporairement entre parenthèses leurs joutes politiciennes au profit d'un accord bi-partisan autour de quelques grandes réformes. Et, surtout grâce à un Président qui, tout en donnant sa chance à une concertation entre corps intermédiaires et à des accords obtenus « au bout de la nuit », prendra, avec son Premier ministre, au-delà des dates limites contraignantes qu'il aura fixées, ses responsabilités en ne craignant pas de légiférer par ordonnances ; et, puisque la loi n'autorise qu'un recours limité au 49.3 (pour un projet de loi des Finances ou de financement de la Sécurité Sociale et un seul autre projet de loi par session parlementaire), en utilisant - en dernier ressort et occasionnellement - la voie du référendum, en posant des questions concrètes et précises, dissociées de son sort personnel.

---

1 Comme évoqué par Hubert Védrine, dans *La France au défi*, Fayard, 2014.

Rien n'est impossible

Là où d'autres mettront en avant le fait « qu'on a déjà tout essayé » et « qu'à coup sûr, ces mesures ne marcheront pas non plus », le chef d'entreprise qui souhaite réussir son retournement emploiera un discours positif, volontariste et mobilisateur et restera vigilant à ce que ses collaborateurs mettent en avant les solutions plutôt que les problèmes. Il fera tout pour changer l'état d'esprit de son personnel. Car, admettons-le, comme face à la maladie, beaucoup tient au mental et au moral. Et le fait de se plaindre quotidiennement des problèmes, des douleurs, des obstacles, des handicaps et de ne mettre en avant que les échecs et les mauvaises nouvelles, rend tout retournement très difficile en France.

En effet, quand il faudra passer à la mise en œuvre de ces réformes, toutes les oppositions politiques, technocratiques, institutionnelles, sociales, syndicales, médiatiques et mentales apparaîtront, se feront bruyamment entendre et pourraient même se coaliser. C'est une phase par laquelle il faudra passer. Mais d'autres l'ont fait ! Pourquoi pas la France ?

Dans ce contexte, les médias jouent un rôle tout à fait primordial. Aussi longtemps qu'ils accordent davantage d'espace aux mauvaises nouvelles, aux problèmes et aux scandales, ils contribuent largement au climat de morosité ambiante et au pessimisme désormais fameux des Français. Dans le « world happiness report »[1], la France se classe désormais à la 13ème place en Europe et à la 25ème place dans le monde, le Danemark se classant premier à l'échelle européenne. Les journalistes, libres et critiques, pourraient-ils devenir davantage des délivreurs de bonnes nouvelles, d'exemples de réussites et des ambassadeurs d'un optimisme à la française ?

1 *World Happiness Report 2013*, Edited by John Helliwell, Richard Layard and Jeffrey Sachs, avril 2014.

Dans un dossier spécial, intitulé « pourquoi on va s'en sortir », le magazine *Capital*, en août 2014, cite la qualité de nos écoles de commerce, le grand nombre de start-ups et de cadres disposés à créer leur propre entreprise ainsi que l'attrait du « made in France », de plus en plus prisé par les consommateurs français et étrangers.

La possibilité de trouver les ferments d'une « union nationale » autour de quelques réformes importantes s'est peut-être, on peut l'espérer, sensiblement accrue à la suite des événements des 7, 8 et 9 janvier 2015. L'absence patente de messages politiques et de structures partisanes, qui encadrent généralement les défilés populaires, lors des manifestations du 11 janvier, ont traduit ostensiblement la volonté d'une part croissante des Français, désabusés par une classe politique qui ne les a que trop déçus, de s'affranchir des cadres de pensée traditionnels des partis politiques.

Évidemment les joutes politiciennes ont repris rapidement leur cours. Mais tant pour les Français descendus dans les rues du pays que pour leurs dirigeants, il est peut-être possible de ne pas cantonner ce mouvement à une éphémère parenthèse.

Quand, le 13 janvier 2015, après la minute de silence observée dans l'hémicycle, les députés ont entonné la Marseillaise et que Manuel Valls a été gratifié pour son discours d'une « standing ovation », on a, peut-être, pu voir l'émergence de schémas nouveaux. Derrière cette France qui a semblé retrouver le temps de quelques jours, courage et confiance, se dessine une opportunité de mettre à profit une volonté de dialogue et de concertation.

Malheureusement, là où une entreprise en quête de redressement favoriserait les initiatives, ferait confiance à ses collaborateurs, déléguerait les responsabilités et créerait un climat d'émulation et de gratification, l'État français, même affaibli et, en principe, décentralisé, persiste à vouloir tout centraliser, organiser et réglementer en ajoutant toujours plus de mesures complexes, souvent contre-productives.

Ainsi de janvier à décembre 2014, le solde net des emplois créés est négatif (-3 162[1]), et la mise en place du compte pénibilité, tel qu'il a été défini, va totalement à l'encontre de la simplification administrative promise par le Président.

---

1 Trendeo, *L'emploi et l'investissement en France en 2014 à travers l'Observatoire de Trendeo*, note, février 2015.

Ce n'est là qu'un exemple parmi tant d'autres. Il est désormais urgent de faire souffler un grand vent de liberté pour les citoyens français engagés et responsables. Cet élan passera obligatoirement par une redéfinition et un retrait partiel de l'État, et de ses domaines d'intervention, une organisation plus simple et plus efficace et une (re)motivation des agents appartenant au service public. Alors tout devient possible !

Le choix des priorités

Dans une entreprise en crise, les principaux axes d'amélioration et de redressement découlent des urgences à court terme (généralement de trésorerie, de rétablissement du carnet des commandes, etc.) ainsi que de l'amorce d'un retour à la croissance du chiffre d'affaires et à des résultats équilibrés. Les projets correspondants sont souvent « transversaux », touchant l'ensemble des divisions et services. Ils seront généralement réalisés par des groupes de travail réunissant des collaborateurs choisis parmi les « haut potentiels », issus de tous les services - terrain et siège - et souvent pilotés par un consultant-animateur spécialisé, selon un plan de travail (objectifs, étapes, calendrier, mesure des résultats, etc.) détaillé et ambitieux.

Les domaines par lesquels il faudrait commencer à réformer un pays sont nettement plus difficiles à déterminer. Pour définir les priorités, on ne peut que très partiellement s'en remettre aux avis d'experts et, moins encore, aux sondages qui ne sauraient se substituer à une vision, un projet politique d'ensemble ou à un choix de mesures spécifiques pour lesquelles le contenu sera, certes, important mais la mise en œuvre le sera peut-être encore davantage.

Pour ce qui est du principe et de la nécessité elle-même d'engager en France des réformes importantes, les sondages semblent montrer que les Français sont « mûrs », et ce depuis longtemps. À la question « diriez-vous qu'aujourd'hui en France, il est très urgent, assez urgent, pas vraiment urgent ou pas urgent du tout que des réformes soient entreprises », 93% de l'ensemble des personnes interrogées en septembre 2014 pensent qu'il est urgent de réformer[1]... mais ils étaient déjà 90% à partager cet avis en juillet 2004, 93% en mai 2006, et même 94% en novembre 2013. Le consensus dépasse les 90% dans tous les groupes d'âges, dans toutes les régions, dans toutes les catégories socioprofessionnelles et même au sein de toutes les sensibilités politiques. Selon une enquête

1 Enquête IFOP, « Les Français et les réformes », septembre 2014.

CSA d'octobre 2014, 84% des personnes interrogées pensent également « qu'il faut transformer la France »[1]. Dans le même sondage, pour 87% des Français, le « changement » est une notion positive, tout comme « la réforme » (75%). Également interrogés par le CSA, 64% des Français disaient déjà en juin 2013 que le rythme des réformes était trop lent et, 47% d'entre eux, que le principal obstacle était les élus et les hommes politiques qui manquaient de courage.

Mais, même si un consensus se dégage sur la nécessité de ces réformes, leur mise en œuvre reste périlleuse car, si les Français sont globalement favorables aux réformes, ils le sont nettement moins quand elles s'appliquent à eux. J'en veux pour preuve, une autre enquête de l'Institut Odoxa pour Challenge et BFM business, réalisée les 2 et 3 octobre 2014[2] : à la question « afin d'améliorer la situation de la France, certains estiment qu'il est devenu indispensable de demander des efforts aux Français, qu'en pensez-vous ?» les Français, prêts aux sacrifices restent, avec 41%, encore minoritaires. Cette proportion progresse toutefois depuis quelques mois, et on peut en conclure que les Français sont désormais prêts pour les réformes.

La question ne semble plus donc être « pourquoi » engager des réformes, mais plutôt dans quels domaines et comment ? Si, là aussi, l'on se fie aux sondages, les Français placent, et de loin, la lutte contre le chômage en première position (généralement autour de 70%) - suivie, dans une enquête IFOP[3], par la santé (62%) et la lutte contre la délinquance (56%). Mais cette liste des préoccupations principales des Français ne permet pas de distinguer des choix clairs quant aux secteurs à réformer, voire aux mesures à engager. L'étude CSA déjà citée fait, quant à elle, apparaître les finances publiques (89%), la fiscalité (85%), le développement économique (82%) et la politique d'immigration (80%) en tête des domaines à réformer. À l'inverse, l'enthousiasme pour les réformes, probablement par crainte de perdre un avantage acquis, est le plus faible à l'égard de la santé (57%) et des retraites.

Ces paradoxes, au moins apparents, font dire au dirigeant d'un grand institut de sondage qu'il est impossible - car cela mènerait à des résultats inexploitables –, d'interroger les Français autrement qu'en les faisant réagir à des projets de réformes très précis. D'où l'obligation absolue du dirigeant politique de proposer, en premier lieu, une vision et un projet d'ensemble qui suscitent l'adhésion.

---

1 Enquête CSA, « Français, si vous pouviez réinventer la France », décembre 2014.
2 Enquête ODOXA, dans *Challenges* du 9 octobre 2014
3 Enquête IFOP, « Les priorités des Français pour les prochains mois », avril 2014.

Instructifs également, sont les choix prioritaires que la France devrait faire si elle voulait suivre les conclusions des économistes renommés ou les recommandations des principales organisations internationales.

Parmi les préconisations des économistes, citons au moins celles du prix Nobel Jean Tirole et celles de Patrick Artus, économiste, directeur de la recherche et des études de Natixis. Depuis une dizaine d'années déjà, Jean Tirole a fait de la réforme du droit du travail l'un de ses chevaux de bataille. Dans un rapport pour le Conseil d'Analyse Économique[1], il avait déjà proposé des pistes tout à fait novatrices pour la protection de l'emploi : instaurer le principe du « pollueur-payeur » en matière d'assurance chômage, en faisant payer les entreprises qui licencient (avec des aménagements pour les entreprises en difficulté économique) en lieu et place d'un prélèvement général sur les salaires. Dans de nombreux autres travaux, il avait constaté, au travers de la généralisation des CDD, l'émergence d'un marché du travail de plus en plus dual et inégalitaire et fait des propositions dans le sens d'une flexisécurité, notamment en proposant la création d'un contrat de travail unique.

Patrick Artus propose, de son côté, de « se concentrer sur un très petit nombre de réformes très importantes, plutôt que de se disperser sur toutes les réformes possibles, même si elles sont toutes utiles »[2]. Il recommande de privilégier trois mesures indispensables au redressement : celle du contrat du travail (création d'un contrat de travail unique - pour pallier aux 84% de recrutements en CDD au premier trimestre 2014 –, avec une période d'essai plus longue et une possibilité de licenciement sans recours juridique après le versement de l'indemnité), celle de la formation professionnelle en réorientant les 32 milliards d'euros de budget annuel vers une amélioration de l'accès à l'emploi et les métiers plus sophistiqués, enfin celle de l'efficacité de l'État, en réduisant le niveau des dépenses publiques à 50% du PIB, tout en maintenant la qualité du service public grâce à une efficience retrouvée.

Au niveau des organisations internationales - Conseil de l'Union européenne, OCDE et FMI –, les principales recommandations portent sur pas moins de six secteurs aussi divers que les institutions, l'emploi, le budget et la fiscalité, la santé et les retraites, la compétitivité économique et l'éducation. Plusieurs mesures font consensus : simplifier les échelons territoriaux, réduire le niveau d'indemnisation des demandeurs

1 Jean Tirole et Olivier Blanchard, *Protection de l'emploi et procédures de licenciement, Conseil d'Analyse Économique*, rapport, 2003.

2 Patrick Artus, « Ces réformes essentielles que la France doit faire », *Le Point*, 30 décembre 2014.

d'emploi, libéraliser les professions réglementées, modifier le système des retraites et assouplir les horaires d'ouverture des magasins.

Très intéressante également est l'étude récente de l'OCDE[1], qui établit un lien entre les réformes structurelles et leur impact sur la croissance. Se projetant à un horizon de cinq ans, l'OCDE, qui constate que la France doit « améliorer de façon importante sa compétitivité et sa croissance potentielle à moyen terme, et transformer ses outils économiques et sociaux pour préserver ses « acquis » dans un contexte de fortes pressions sur les finances publiques », croit possible un complément de croissance de 1,6% (soit 0,3% par an), grâce à quatre réformes visant à accroître la compétitivité des entreprises : optimiser la concurrence (diminution des contraintes réglementaires), améliorer le fonctionnement du marché du travail (fluidité, baisse des cotisations sociales, effort pour les jeunes), réformer la fiscalité (allégements des impôts sur le revenu et les entreprises, hausse de la TVA) et simplifier l'organisation territoriale.

Les propositions et autres préconisations sont donc innombrables. Or, le but de cet essai étant moins de dire quelles réformes favoriser pour la France mais comment les réussir quelles qu'elles soient, nous recommandons à tout homme politique, quelle que soit sa sensibilité politique – outre la concentration sur un faible nombre de réformes –, de sélectionner ses grandes priorités en faisant appel à une méthodologie rigoureuse. Celle-ci consiste à évaluer chaque projet de réforme en fonction de deux critères : sa contribution, plus ou moins importante par rapport à l'objectif poursuivi, et sa difficulté de mise en œuvre en termes de résistances à vaincre et de délais.

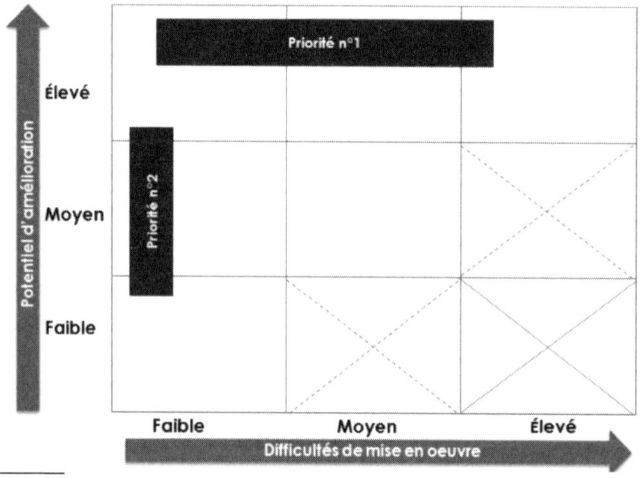

1 OCDE, *Les réformes structurelles en France : impact sur la croissance et options pour l'avenir*, 2014.

Le décisionnaire obtiendra ainsi un ensemble de mesures susceptible d'être transformé en « programme », la priorité devant revenir aux mesures à fort impact et difficulté faible, voire moyenne, de mise en œuvre. Mais également, pour pouvoir enclencher une spirale vertueuse et faire apparaître rapidement des premiers résultats, à quelques mesures à l'impact limité mais faciles à mettre en œuvre. Enfin il évitera les mesures à faible impact, mais très difficiles à mettre en œuvre, techniquement et politiquement.

Autre avantage de cette approche : tout en mentionnant toutes les mesures possibles, elle montre clairement, et c'est parfois plus important encore, celles qui doivent, au moins temporairement, être écartées. L'approche très rationnelle et empirique préconisée ici, conduira, par exemple, à une réforme radicale de l'apprentissage, s'approchant plutôt d'une « révolution » que d'une gestion à la marge, à considérer comme une priorité absolue dans la lutte contre le chômage (voir aussi plus loin « Un cas d'école : faire baisser le chômage »). En revanche, il pourra remettre à plus tard le débat très sensible sur la suppression de l'ISF (pour lequel il suffirait certainement d'assouplir les règles de prise en compte de l'outil de travail après le départ en retraite du dirigeant actionnaire...).

Selon ce schéma, plusieurs dispositions de la loi Macron, à faible impact mais rencontrant des résistances importantes, ne figureraient pas forcément parmi les priorités – encore que cette loi servira peut-être de catalyseur à des alliances nouvelles et de déclencheur pour la modernisation de la France.

Exécuter, exécuter, exécuter

Dans une entreprise en difficulté, (presque) tout le monde a de bonnes idées sur la façon d'améliorer les performances et d'entamer une résurrection... Ce sont généralement les collaborateurs qui vivent au quotidien la réalité d'un contact client, d'une fabrication en usine ou d'une livraison de commande ou qui, ayant travaillé dans plusieurs entreprises, peuvent faire des comparaisons, qui génèrent les meilleures propositions d'amélioration de la qualité des produits, de la productivité ou de l'organisation. « Boîtes à idées », discussions de groupes et divers concours ou appels à projets sont susceptibles de les faire surgir.

Ensuite, ce sera l'une des qualités du dirigeant ou d'un expert d'évaluer le potentiel et la difficulté de mise en œuvre de chaque proposition, de les hiérarchiser et de les transformer, le cas échéant, en projets. Mais c'est seulement ensuite que commencera ce qui est susceptible de faire la vraie différence : la rapidité et la qualité de la mise en œuvre.

Pourquoi des rapports aussi convaincants que ceux de Jacques Attali sur « la libération de la croissance française », commandité par Nicolas Sarkozy, ou de Louis Gallois sur la « compétitivité de l'industrie française », mandaté par François Hollande, ne voient qu'une infime partie de leurs recommandations transformées en mesures concrètes ou en lois ? Pourquoi le rapport récent de deux économistes, l'un Français, Jean Pisani-Ferry, l'autre Allemand, Henrik Enderlein, a-t-il été enterré dès sa sortie ? Pourquoi les nombreux rapports de la Cour des comptes, de plus en plus sévères et très riches en recommandations, ne sont-ils que faiblement suivis ? Pourquoi dit-on en France que si l'on ne veut rien changer, il faut mettre en place une commission ?

Pour ce qui est du monde de l'entreprise, le franco-Allemand que je suis, ayant expérimenté la gestion de projets de part et d'autre du Rhin, aurait tendance à commencer par dire que, c'est parce que les Français aiment trop les idées brillantes par rapport à des Allemands, peut-être moins créatifs mais jugeant immédiatement du potentiel en termes de réalisation. En dix ans de conseil en stratégie, j'ai été très souvent félicité par mes clients français pour la pertinence de mes recommandations (alors que le client allemand les trouvait « intéressantes », sans plus...). Mais j'ai souvent pu constater, six mois plus tard, que l'Allemand, ne serait-ce que pour justifier le prix élevé qu'il avait payé pour l'étude, avait commencé à mettre en œuvre 60% à 80% de mes propositions, tandis que le client français, s'il n'avait pas changé de poste ou d'entreprise depuis, avait rangé le rapport dans ses tiroirs ou sur son étagère. Faire sans dire, plutôt que dire sans faire... voilà une différence culturelle de taille !

Sachant que le véritable défi en France est de savoir « comment améliorer les chances de réussite des réformes, quelles que soient leur domaine et leur contenu », l'OCDE a conduit un projet de recherche sur le thème « *making reforms happen* » qui a établi une liste de sept conditions pour améliorer les chances de réussite des réformes, toutes situées en amont du projet :

1. L'autorité qui lance une réforme dispose-t-elle d'un « mandat de changement » ?
2. Quel est le narratif susceptible de convaincre le public et les parties prenantes que la réforme proposée est désirable ?
3. Les arguments en faveur de la réforme résistent-ils à la critique ?
4. L'appareil institutionnel pour gérer le processus de réforme, depuis le projet jusqu'à la mise en œuvre, existe-t-il ou doit-il être créé ?
5. Qui seront les porteurs de la réforme dans le processus institutionnel et politique ?
6. Quelle est la séquence temporelle : conception/annonce/décision/mise en œuvre ?
7. Quelle est la stratégie susceptible de surmonter la résistance des « perdants » ? Peut-on les rallier ? Doit-on passer outre ? Faut-il compenser les pertes qu'ils anticipent et dans quelle mesure ?

Sans pouvoir dire en vertu de quel principe préconisé par l'OCDE non satisfait, les réformes en France n'aboutissent pas aujourd'hui, ou ne sont même pas tentées, peut-être faudra-t-il, comme semble l'indiquer une recherche menée à la Paul Martin's School au Canada, la mise en place d'une commission temporaire, issue d'une coalition entre politiques, représentants de la société civile et entrepreneurs, ou le soutien d'une « grande coalition » (comme en Allemagne et en Italie) ou une coalition bi-partisane momentanée pour la réforme, comme l'évoque Hubert Védrine dans son ouvrage la *France au défi*, peut-être encore faut-il envisager d'enfermer les principaux décideurs dans un lieu isolé, sur le modèle du conclave, le temps nécessaire pour abandonner les postures et arriver à un consensus (comme cela a été évoqué par un leader syndical, questionné à ce sujet) ou, simplement, l'émergence d'un leader politique désintéressé et au charisme exceptionnel, qui se sentira investi d'une mission historique qu'il défendra imperturbablement avec la conviction que seule l'histoire pourra le juger.

Probablement, aurons-nous besoin d'un peu de tout cela à la fois. Force est de constater que, peut-être trop prudents, nos responsables n'excellent ni en matière de préparation, de détermination, de délégation ni de pédagogie, de communication, de persévérance ou d'évaluation des résultats... or c'est de tout cela que dépendent l'exécution et la réussite d'un programme ambitieux.

Exploiter efficacement ses meilleurs atouts

Pour réussir son redressement, une entreprise mettra en avant la spécificité de son savoir-faire, affichera ses ambitions et rebondira sur ses succès commerciaux. En fait, elle formalisera rigoureusement les raisons pour lesquelles un client devrait acheter ses produits et services plutôt que ceux d'un concurrent dans le cadre d'une USP (*unique selling proposition)*, qui servira de fer de lance dans toute action commerciale et de communication.

Les très nombreux atouts de la France ont été évoqués par beaucoup de monde et à maintes occasions : l'une des démographies les plus favorables d'Europe (principal handicap de l'Allemagne) ; une réputation mondiale dans les produits de luxe et les produits qui symbolisent « l'art de vivre à la française » (produits alimentaires, vin, champagne, etc.) ; des positions mondiales de tout premier plan dans plusieurs produits technologiques de pointe (centrales nucléaires, aéronautique, TGV, etc.) ; de nombreux groupes internationaux, parmi les leaders dans leur domaine (il n'existe plus de champions faisant partie des 100 premières entreprises mondiales que l'Allemagne) ; beaucoup des jeunes entrepreneurs et de start-ups, tout particulièrement dans les nouvelles technologies ; une attractivité incontestable pour les touristes du monde entier, et bien d'autres choses encore... largement de quoi concourir avec succès dans la mondialisation.

Mais se contenter d'évoquer ces atouts ne suffit pas. Obligatoirement il faut en faire des fers de lance, largement soutenus par des mesures politiques cohérentes dans de nombreux domaines. La France commence à en être consciente, mais il reste du chemin à parcourir : tous les derniers Présidents de la République ont accepté le rôle de VRP de produits français – surtout pour de gros contrats d'armement, d'infrastructures ou d'équipements. Le ministre des Affaires étrangères a commencé à s'occuper activement de l'accueil des touristes étrangers – y compris des ouvertures du dimanche. Et la journée du « bon goût français », dont la première édition s'est tenue le 19 mars 2015, représente une vitrine internationale extraordinaire.

Mais, chaque atout devrait entraîner un plan d'action spécifique : comment en démultiplier les effets bénéfiques – avec des objectifs, des responsables, un calendrier et la mesure des résultats clairement définis. Et tout ceci dans le respect de quelques grands principes : tout produit important, surtout nouveau, ayant besoin de pouvoir s'appuyer sur un marché national solide, la préférence française dans certains achats de l'État (comme cela est le cas aux États-Unis et en Allemagne...) devrait être de mise, tout en exigeant une compétitivité prix et services des fournisseurs.

La conquête des marchés à l'étranger nécessite désormais un professionnalisme total et l'application de règles nouvelles. À proscrire, sous peine de sanctions (tout finit par se savoir...), les commissions occultes et autres tentatives de corruption. Mais personne ne pourra raisonnablement s'opposer à cibler davantage l'aide au développement et les dons humanitaires aux grandes organisations internationales. Par ailleurs, l'accueil des étudiants étrangers, surtout chinois, de stagiaires et même de cadres étrangers peut privilégier les domaines en cohérence avec les atouts de la France. Faire fructifier plus efficacement les atouts du pays représente un élément important dans le pari que je fais pour la réussite de la France !

Leadership, expérience et esprit d'équipe

L'affirmation qu'une entreprise « est avant tout une affaire d'hommes », correspond à une conviction largement partagée dans le monde managérial - encore plus s'il s'agit de constituer une équipe pour réaliser l'impossible. D'où la nécessité absolue, lorsque l'on arrive à la tête d'une entreprise, d'être d'abord extrêmement disponible pour se familiariser rapidement avec chacun des membres du comité de direction et les représentants du personnel au travers d'entretiens individuels, mais également par quelques réunions de groupe.

L'objectif est clair : découvrir ses principaux collaborateurs, souvent très démotivés, leurs parcours et leur savoir-faire, ainsi que leurs principales idées sur la meilleure façon d'améliorer la situation mais, encore davantage, décrypter leur état d'esprit et leur capacité à se remotiver dans le cadre d'un projet de retournement. Car, soyons clair : le plus gros défi consiste à faire beaucoup mieux avec, à 95%, les mêmes personnes et à « retourner » les nombreux collaborateurs qui pensent « avoir toujours dit » (sans jamais faire...), « avoir déjà tout essayé » et qui affirment que, de toute manière, « ce n'était pas de leur faute ».

En plus des entretiens individuels, un séminaire collectif - faisant une place importante au *team building* –, s'avérera généralement très révélateur. Pratiquez l'exercice suivant : demandez à chaque participant de noter sur une feuille les noms des trois collaborateurs qu'il considère comme étant les plus talentueux dans l'entreprise, affichez tous les noms sur un tableau (comprenant à ce stade souvent beaucoup de noms d'employés appartenant au même service que le responsable interrogé). Refaites un deuxième tour sur la base de l'intégralité des noms affichés et vous connaîtrez 80% des meilleurs éléments de votre entreprise.

Autre expérience révélatrice lors d'un *team building* au cours duquel différentes compétitions sportives entre équipes sont pratiquées : donnez la consigne d'une composition d'équipes qui change à chaque exercice, chaque participant étant crédité des points acquis par son équipe lors de cet exercice. Au cours de l'une de mes expériences, le vainqueur, le patron de la filiale allemande, qui était pourtant plutôt parmi les moins brillants et les moins sportifs, se trouvait à chaque fois « au bon moment au meilleur endroit » dans l'équipe gagnante. Voilà une vraie leçon !

D'autres signaux sont importants : dès le départ, la promotion surprise d'un ou de deux collaborateurs issus du deuxième ou troisième niveau, la création d'un groupe de « hauts-potentiels », bénéficiant d'un investissement conséquent en termes de formation et de gestion de carrière, la mise en place de quelques « compétitions » internes, avec diffusion très visible des résultats du ou des gagnants et, surtout, les félicitations et autres petits signes d'encouragement quotidiens qui témoignent de la reconnaissance et de l'appréciation. Les collaborateurs ont, avant tout, besoin de reconnaissance, il est important de ne pas l'oublier !

Évidemment, le dirigeant politique, en commençant par le Président de la République, le Premier ministre ou le tenant d'un ministère, choisit ses équipes politiques le plus souvent parmi les élus, et selon des procédés bien différents. Mais si ses critères de choix sont essentiellement, voire exclusivement, la reconnaissance de services rendus, le respect d'un mélange de sensibilités politiques ou d'origines régionales, la parité hommes-femmes ou la loyauté politique et partisane, il lui sera difficile de constituer une équipe expérimentée, compétente et capable de réussir un projet de retournement de la France. « Tout membre de l'appareil du parti a vocation à exercer des responsabilités gouvernementales... le cocktail d'inexpérience, d'inculture économique, de dogmatisme idéologique et d'ambition personnelle qui caractérise une partie de la classe politique actuelle nuit à la qualité et la cohérence des décisions politiques avec, parfois des effets dévastateurs pour le pays »[1].

L'origine socioprofessionnelle des parlementaires atteste également de ce problème : sur 577 députés, seulement une petite trentaine ont une connexion directe avec le monde de l'entreprise, contre plus de 100 fonctionnaires, 65 députés issus de l'Éducation nationale et 44 issus du monde de la Santé[2]. Ainsi les lois et réglementations sont de plus en plus conçues par des femmes et des hommes n'ayant aucune expérience personnelle de la vie en entreprise, de l'économie et, dans certains cas, de la vie de tous les jours tout court.

1 Laurent Cohen Tunugi, *Whats wrong with France,* Grasset, 2014.
2 Anne-Sophie Behm et Olivier Costa, « Les députés connaissent-ils l'entreprise ? », *En temps réel,* les Cahiers, décembre 2013.

En politique aussi, les compétences devraient peser plus lourdement, soit acquises dans la gestion d'une ou de plusieurs entités de taille significative (ville, région ou, pourquoi pas, entreprise), soit tirées de la connaissance intime du métier et du monde dont le dirigeant aura à s'occuper (médical, juridique, commerce, etc.), soit idéalement des deux. Car, malgré l'excellente formation, souvent déjà lointaine, de l'ENA, de Sciences Po ou de l'Université, et *a fortiori* si ce n'était pas le cas : comment demander du jour au lendemain à un Ministre totalement inexpérimenté de mettre en place un programme d'améliorations fondamentales et d'animer des équipes importantes et souvent réticentes ?

Vous me direz qu'il peut s'appuyer sur les (hauts) fonctionnaires, souvent en place depuis plusieurs gouvernements et connaissant parfaitement les dossiers techniques et les rouages... Mais justement, si leur adhésion n'est pas acquise, les politiques, surtout s'ils sont inexpérimentés, n'auront aucune chance contre les arguments et convictions d'une administration qui milite souvent davantage pour le maintien de l'existant que pour le changement. D'où l'importance de recourir également à une plus grande perméabilité des fonctions publiques et à des allers-retours public-privé plus fréquents et planifiés ; d'où l'importance d'une plus grande diversité dans l'origine des parlementaires et, enfin, d'une plus grande diversité et d'une plus grande ouverture des élites françaises.

Reste le plus important : les qualités du « chef », du leader politique ainsi que son style de collaboration et de gestion des équipes. Dans la théorie organisationnelle, il est courant de positionner chaque dirigeant et son style de gestion par rapport à deux extrêmes : d'un côté, la gestion par l'autorité, voire la « peur » (visionnaire, dirigiste, autoritaire, immuable), de l'autre, la gestion par l'adhésion (à l'écoute, sympathique, consensuel, influençable).

Dans la situation actuelle, et comme les enquêtes d'opinion semblent confirmer – mais pas les élections –, les Français souhaitent davantage de dirigeants politiques correspondant au premier profil, s'appuyant sur une vision, une autorité forte et, pourquoi pas, une mission historique dans le cadre d'un régime présidentiel qui, contrairement aux régimes parlementaires de nos voisins, donne un poids fort à l'exécutif.

Mais nos dirigeants politiques devraient également pouvoir se prévaloir d'une autre qualité : celle de savoir déléguer, de faire confiance aux différents membres de leur équipe et de les encourager en permanence à avancer dans la mise en œuvre d'un projet commun. D'où l'importance de s'entourer de collaborateurs autonomes, car expérimentés, mais disciplinés par rapport aux orientations qui leur sont indiquées et ne jouant pas « perso ». Ce n'est que par un leadership affirmé et une forte subsidiarité, associés par moments à l'indulgence face à des erreurs commises, qu'une organisation se remotive d'une façon étonnante pour un projet de redressement commun.

Difficile cependant d'éviter, au moins dans la durée et en cas d'absence de succès, trois écueils majeurs : l'isolement, un entourage trop complaisant et une importante perte de fraîcheur. Je les ai connus, à titre personnel, en rachetant, à la barre du tribunal, les cycles Mercier, après leur dépôt de bilan.

En cumulant, de façon exceptionnelle, toutes les mauvaises surprises possibles – un temps d'hiver au mois de mai, un directeur commercial victime d'un accident, la perte de tous les stocks dans un incendie, ainsi qu'un acheteur étranger qui n'a jamais payé... plutôt que de m'entêter – selon la conviction qui est la mienne « que rien n'est impossible » –, j'ai décidé qu'il valait mieux qu'un autre me remplace à la tête de l'entreprise.

Une situation difficile et, *a fortiori*, l'absence totale de succès permettant de créer une dynamique vertueuse, conduiront inévitablement, en entreprise comme en politique, au « repli sur soi » du dirigeant. Enclin alors à écouter de moins en moins et préférant souvent les personnes apportant davantage de réconfort que de contradiction, déprimé par les bruits de couloir et les sondages accablants... le dirigeant politique finira lui-même souvent par être miné par la difficulté de la tâche et perdra ainsi toute sa fraîcheur, sa clairvoyance et sa capacité d'entraînement.

Lancer tout dans les 100 premiers jours

En prenant la direction d'une entreprise, surtout d'une entreprise en difficulté, le consensus entre gestionnaires de crise veut que les 100 premiers jours soient absolument déterminants pour la réussite du retournement. La rapidité dans la conduite des premiers changements est essentielle. En effet, la fraîcheur et la détermination du nouveau dirigeant à son arrivée, son ouverture d'esprit, sa capacité à s'imprégner de la situation sans idées préconçues et, enfin, sa perception des inquiétudes palpables et des attentes des collaborateurs, facilitent grandement le lancement des premières opérations qui s'imposent. C'est là qu'il s'agit de renverser la tendance par quelques « petits succès », faciles à obtenir, et d'enclencher la spirale vertueuse avant d'avancer sur des mesures plus difficiles. C'est là aussi que j'ai généralement surpris les collaborateurs qui pensaient que ce « nouveau patron » ne ferait pas plus la différence et ne tiendrait pas plus longtemps que ces prédécesseurs.

Il faut noter que, contrairement à ce que l'on imagine, tous les retournements d'entreprises ne commencent pas par une réduction des frais de personnel (même si, par la suite, elle sera également souvent recherchée). Les premières mesures visent généralement à permettre le redémarrage des ventes, le déstockage (pour des besoins de trésorerie) et surtout, compte tenu de leur poids au niveau de la valeur ajoutée, une amélioration importante des approvisionnements et de la *« supply-chain »* (avec concentration des fournisseurs et renégociation immédiate des prix d'achat). Ainsi, dans toutes les entreprises pour lesquelles j'ai pu travailler, nous avons en règle générale immédiatement convoqué nos fournisseurs les plus importants pour leur annoncer deux nouvelles, une bonne et une mauvaise. La bonne consistait à les informer que nous allions acheter davantage chez moins de fournisseurs et qu'il y avait donc une opportunité pour développer nos relations... la mauvaise était que, pour en profiter, il fallait qu'ils améliorent leurs prestations et, surtout, revoient leurs prix fortement à la baisse.

Pour un dirigeant politique, le point de départ est tout autre mais le problème est le même : ne s'agit-il pas de commencer immédiatement à mettre en œuvre, dès son élection et son entrée en fonction, les principales mesures contenues dans le programme pour lequel il a été élu ? Malheureusement, en France, « *les promesses n'engagent que ceux qui les croient* », comme l'aurait avancé un ancien Président de la République. Après l'élection, commence donc généralement un processus visant d'abord à défaire les principales mesures du gouvernement précédent, par une série de lois rectificatives. Pour ce qui est du programme électoral, on en réutilise effectivement quelques mesures sans que la logique du choix et de la séquence ne soient très compréhensibles, quitte à zigzaguer à coup de sondages et de pressions contraires.

Interrogé lors d'une conférence sur le « pourquoi il n'avait pas mis en œuvre, pendant qu'il était au pouvoir, les mesures qu'il continue à préconiser », un membre du gouvernement précédent soulignait l'absence générale de préparation des premières mesures et projets de lois correspondants. Si l'on y ajoute la volonté - et la nécessité - d'une large concertation et un processus législatif laborieux (entre amendements, allers-retours entre l'Assemblée et le Sénat et les commissions), on arrive vite à une situation où la première partie du mandat, surtout réduit désormais à cinq ans, est perdue pour les vrais changements.

Faire de la politique autrement, ce serait donc notamment présenter aux électeurs, durant la campagne, un programme d'ensemble affichant clairement les priorités politiques et les mesures à prendre au lendemain de l'élection, préparer à l'avance les textes correspondants, au moins dans les grandes lignes, profiter de la « l'état de grâce » des 100 premiers jours pour réformer rigoureusement, profondément et vite, dès les premiers mois de la législature, surtout dans les domaines de priorités affichées et ayant fait l'objet d'un large débat pendant la campagne ou les domaines pour lesquels les Français semblent prêts.

Ainsi, suite à son élection, un boulevard s'ouvrait à François Hollande pour une réforme des retraites, comportant augmentation de l'âge de départ, rallongement de la période d'activité, système par capitalisation et, même, suppression de certains régimes spéciaux. Dommage qu'il ait choisi de faire machine arrière et d'accroître par conséquent la pression sur la nécessité d'une nouvelle réforme.

Le fait qu'un projet d'ensemble aura été proposé aux Français et que les premières mises en œuvre porteront à la fois sur des mesures à fort impact - souvent difficilement réalisables -, mais également sur des mesures à impact plus réduit - mais plus faciles à réaliser -, pourrait provoquer ce déclic tant attendu et installer cette dynamique positive, auto-amplificatrice, indispensable et finalement irréversible pour la réussite du retournement. Devant cette preuve par l'exemple, les sceptiques et les mauvais esprits se verront alors surpris et balayés par un vent d'optimisme.

Concilier le court et le moyen terme

L'obligation d'obtenir, surtout dans le cadre d'un retournement, des résultats rapides a conduit à un court-termisme évident et souvent regretté dans la gestion des entreprises. L'obligation, au moins pour les entreprises cotées en bourse, de publier des résultats trimestriels et de donner, à chaque fois, des prévisions actualisées, avec un impact – presque en temps réel – sur le cours de l'action, obligent l'équipe dirigeante à gérer pratiquement au mois le mois. D'autant plus que les concours financiers négociés auprès des banques, et leur coût, sont souvent conditionnés par l'obtention de résultats (généralement d'EBITDA ou de réduction d'endettement) précis.

Pour le moyen terme et les projets de développement et d'investissement, cette temporalité est fréquemment raccourcie à une période de deux à trois ans, et elle ne peut en aucun cas servir d'excuse pour des résultats trimestriels décevants ou à faire patienter les actionnaires et les financiers impatients de voir l'horizon s'éclaircir. Et, même dans une situation où les premiers résultats affichés amènent sérénité et confiance, le moyen terme est à double tranchant : il n'existe pas d'obstacle pour envisager des projets d'investissement, surtout s'ils sont créateurs d'emplois, mais il est beaucoup plus difficile d'évoquer des restructurations, même sous forme de transferts d'activité ou, pire encore, si elles peuvent entraîner des fermetures d'établissements.

Au niveau d'un pays, concilier court, moyen et long terme est absolument indispensable mais paraît, à la rigueur, plus « facile ». En effet, les priorités immédiates ne sont compréhensibles et acceptables pour les citoyens qu'à la lumière d'objectifs plus lointains. Pour se déployer, certaines réformes ont besoin de cohérence et d'un horizon qui excède dix ans. Pour ne citer que quelques exemples : l'installation, préconisée par beaucoup d'experts, d'un prélèvement fiscal à la source, nécessitera une période transitoire de plus de cinq ans. Il en est de même pour une modification – quasi inévitable – du système des retraites vers un système, au moins partiellement, par capitalisation. Une réforme de la fonction publique entre moins d'État et plus de décentralisation, entraînera nécessairement beaucoup de changements quant au statut des fonctionnaires. Elle ne peut donc découler que d'un nouveau statut pour les nouveaux contrats et d'un changement progressif, échelonné sur une période d'au moins dix à quinze ans. Enfin, une prolongation du temps d'activité et un recul du départ à la retraite, selon l'allongement de l'espérance de vie, est un projet quasi-permanent.

Le principal obstacle provient donc, de manière générale, d'une absence de continuité, pourtant indispensable dans certains domaines à réformer, aggravée désormais par la durée du mandat présidentiel réduit à cinq ans. Une part importante des réformes structurelles dont a besoin la France ne peut aller à son terme que si elle est poursuivie pendant au moins deux, voire trois mandats – soit par le même Président, soit par des Présidents successifs –, partageant, dans des domaines stratégiques, la même vision de l'intérêt national (comme ce fut le cas en Allemagne, de Gerhard Schröder et d'Angela Merkel). Si, en France, l'alternance à chaque élection devenait la règle, le retour au septennat, serait alors souhaitable. Mais, en tout état de cause, mieux vaudrait une continuité assurée entre des Présidents successifs, même de sensibilité politique différente.

Autre organisation, autres compétences

Le patron d'une entreprise « en retournement » s'attachera, généralement dès son arrivée, à revoir son organisation, et ceci en suivant quelques principes qui, en matière de gestion, font l'unanimité : renforcer la capacité d'impulsion et de contrôle du siège social, tout en réduisant fortement son coût ; supprimer, dans un souci d'efficacité, de motivation et de baisse des dépenses, des échelons intermédiaires pour arriver à un organigramme le plus « plat » possible ; et, dans un but d'adaptation aux différences locales et de dosage, rapprocher les décisions opérationnelles le plus possible du terrain.

Rappelons que dans l'administration centrale d'une entreprise, comme dans les services publics, chaque collaborateur aura tout naturellement tendance à justifier son existence et son coût par la mise en place de procédures conduisant, dans des cas extrêmes, à utiliser beaucoup de ressources pour la gestion de sa propre gestion. Presque jamais, il ne « s'auto-rationalisera ». Cette tendance à la sclérose entraîne dans l'entreprise, à intervalles réguliers, un programme de réorganisation et d'économies auquel tout service public devrait également être soumis.

En France, nombreuses sont les voix qui pensent que la Constitution actuelle (rédigée dans une situation de crise pour un homme extraordinaire, le général de Gaulle) et les institutions de la Ve République ne sont, peut-être, plus totalement adaptées pour gouverner le pays dans le contexte national et international actuel. Et surtout, qu'elles empêchent, plutôt qu'elles ne facilitent, la mise en œuvre de réformes structurelles pourtant indispensables.

Force est de constater que, même par rapport aux années 1980-1990, le pouvoir du chef de l'État et du gouvernement ont fortement diminué : perte de l'autonomie nucléaire, perte de l'autonomie monétaire, autonomie réduite en termes d'immigration, de TVA, d'écologie, etc.

Et, même si le souhait des citoyens français de conserver un État fort reste inchangé, la nécessité assumée d'une décentralisation accrue (à peine initiée par une réforme territoriale partielle, peu préparée, mais qui a néanmoins le mérite d'exister) et l'obligation de faire des économies importantes, plaident pour une modification profonde de l'organisation de l'État et de la répartition des responsabilités.

Mais ne rêvons pas : aller jusqu'à préconiser, comme le fait Xavier Fontanet[1], l'éclatement total du service public régalien français au niveau national et sa délégation à l'Europe (pour la défense et une partie des affaires étrangères), aux régions (pour la police, la justice, l'équipement et le logement), à des sous-traitants nationaux (pour les jeux) ou internationaux (pour la météorologie ou le contrôle aérien) et la disparition pure et simple du ministère de l'Industrie, en ne préservant que les Finances, est intellectuellement séduisant mais ne risque pas d'arriver.

Exemple de restructuration[2]

	On garde*	On passe à l'Europe	On concède	On régionalise	On vend ou on marie	On arrête
Gouvernement	X					
Armée		X				
Affaires étrangères	X					
Bercy	X			X		
Police				X		
Justice				X		
Enseignement				X		
Equipement, Logement			X			
Industrie						X
Culture					X	
Information/ Jeux					X	
Environnement					X	

**Travail de reengineering*

1 Xavier Fontanet, *Pourquoi pas nous ?*, Fayard, 2014.
2 *Ibid.*

Aller jusqu'à préconiser un État fédéral, à l'image de l'Allemagne, avec une chambre des régions à la place du Sénat (l'idée a déjà été avancée mais vite abandonnée) ne paraît pas très réaliste non plus.

Mais le choix d'un certain nombre de domaines et de services, dont l'État se retirera complètement, dans lesquels il réduira fortement sa présence ou pour lesquels il décentralisera fortement les compétences, les fonctionnaires et les budgets correspondants, paraît inévitable. D'où l'intérêt de convoquer de véritables « assises des dépenses publiques », établissant clairement, dans un objectif d'économies et d'efficacité, les domaines où l'État se retirerait ou s'organiserait différemment, plutôt que de faire des économies par la force des choses, de façon chaotique, au coup par coup, en se limitant à freiner, à rogner et à raboter.

Et, il ne faudrait pas qu'un sursaut inattendu de la croissance - suite à l'effondrement des cours du pétrole, à la baisse de la valeur de l'euro ou au maintien de taux d'intérêt extrêmement bas -, ne donne quelque prétexte pour reporter, une fois encore, un assainissement indispensable et qui le serait tout autant, même dans des conditions en apparence plus favorables.

Assainir les finances

Si dans une entreprise, en temps normal, les finances ne sont qu'une préoccupation parmi d'autres, dans une entreprise en difficulté, le nerf de la guerre est généralement la trésorerie disponible. Cette situation conduit à une série de comportements bien spécifiques : la détermination très précise des encours financiers à ne pas dépasser, une hiérarchisation très contraignante des investissements et des dépenses au sein de chaque service, un programme transversal d'économies, la constitution d'une réserve pour le cas où les objectifs ne seraient pas atteints... Ou carrément un programme important de cession d'actifs « non-stratégiques », pour autant qu'il reste des « bijoux de famille » disponibles. Tout ceci pour générer, à nouveau, un *(free) cash flow* positif et retrouver ainsi la confiance des investisseurs, des experts, des agences de notation, des banques et, parfois, de la bourse.

Et malgré cela, comme j'ai pu en faire l'expérience à de nombreuses reprises, les banques ont tendance « à ne prêter qu'aux riches ». Le temps, où votre banquier connaissait, depuis longtemps, votre entreprise et votre situation personnelle et que son métier impliquait une bonne part de confiance, a laissé place à la valse des directeurs, aux pouvoirs réduits, au profit d'un Comité de crédit proche du siège, d'une gestion calibrée par l'informatique et, surtout pour les PME-TPE, d'une recherche de garanties, y compris sur vos biens personnels. Ne les accordez jamais ! Par contre, si vous êtes notoirement « bien portant », le sens commercial de votre banquier ne connaîtra pas de limites. Faîtes alors jouer la concurrence !

Les dirigeants européens, suite au choc de 2008 qui aurait pu plonger toute l'Europe dans une crise semblable à celle de 1929 – donc incommensurablement supérieure à celle que nous vivons actuellement –, ont su réagir efficacement et ériger un certain nombre de digues.

Plus important que leur hauteur, leur épaisseur ou le risque de persistance de petites fissures, ces digues semblent avoir convaincu les financiers de tout bord et de toute provenance qu'elles constituaient un rempart, pour l'instant suffisant, contre des chocs équivalents à celui de 2008. Car, rappelons-le, en la matière tout est question de convictions et de confiance.

Comment s'expliquer le calme apparent et surprenant autour des finances françaises, alors même que les objectifs annoncés n'ont jamais été atteints et que les réformes de structure, pourtant acceptées par l'opinion, ont été éludées ? Comment expliquer la capacité de la France de continuer à emprunter à des taux d'intérêt historiquement bas ? Outre le fait que la France soit un pays riche, disposant d'importantes réserves et actifs, et que, comparativement à d'autres pays en Europe, sa solidité financière et sa capacité de remboursement sont, à tort ou à raison, jugées supérieures à d'autres, c'est surtout l'importance de la France qui représente 20% du PIB européen (« *too big to fail* ») et l'intérêt pour l'Allemagne d'éviter une crise (généralement déclenchée par les agences de notation), qui ont permis d'éviter - jusqu'à présent - une attaque en règle contre la France. De plus, une crise de la France signerait probablement la fin de l'euro.

Or, la maîtrise des finances pour la France entre désormais dans une phase critique. Au moment où le gouvernement français a obtenu de Bruxelles, pour la troisième fois consécutive, le report de ses échéances pour la réduction d'un déficit budgétaire excessif, l'équation recettes-dépenses sera soumise à rude épreuve.

Du côté des recettes, levier privilégié jusqu'ici par le gouvernement, le niveau des prélèvements (45%) a désormais atteint son maximum : les rentrées d'impôts commencent à afficher tous les signes d'un rendement négatif (« trop d'impôt tue l'impôt »), de plus en plus de sociétés et de citoyens cherchent des échappatoires ou sont obligés de demander des délais de paiement. Un jour, la « grève des impôts », évoquée jusqu'ici de façon romanesque[1], pourrait peut-être devenir réalité.

L'État use ses dernières cartouches en menaçant les Français en situation fiscale irrégulière et en multipliant les contrôles ce qui, il est vrai, a suscité un certain engouement pour le guichet de la régularisation sans pour autant atteindre les objectifs en matière de recouvrement. Mais beaucoup de Français conservent encore une part importante de

1 Didier Collaro, *Le réseau de la colère*, Edilivres, 2014.

leurs capitaux (estimés à 300 milliards d'euros) hors de France. N'aurait-il pas mieux valu émettre, au nom du service à la patrie, comme l'a fait l'Espagne dans les années 1980, un grand emprunt d'État aux conditions peu attractives (durée longue, intérêts zéro ou négatifs), mais dont la souscription est possible à partir de fonds en provenance de l'étranger, et pour lequel le souscripteur bénéficie d'une garantie d'anonymat. Ou, comme l'envisage actuellement l'Italie et comme l'a fait la France en 1981 et 1986, accorder une quasi-amnistie pour des capitaux rapatriés ?

De nombreux autres pays européens (Espagne, Belgique, Portugal et même Allemagne) ont lancé des programmes d'amnistie avec, souvent, des pénalités faibles (entre 5 et 10%) ou l'abandon, sauf pour les cas de fraude aggravée, de poursuites pénales.

Enfin, il ne faut surtout pas utiliser chaque (nouvel) impôt ou prélèvement pour faire de la redistribution de richesses. Baisser les cotisations sociales sur les salaires, les impôts sur les entreprises et même sur les revenus, en utilisant une modulation de la TVA (basse pour les produits de la vie courante, plus élevée pour les produits moins indispensables) et des impôts plus élevés sur les gains financiers spéculatifs me semble être la voie à suivre.

Du côté des dépenses, où l'État avait jusqu'ici l'habitude de ne chiffrer les économies que par une extrapolation des tendances d'augmentation (quelle drôle de manière de calculer...), la primauté est désormais donnée à la réduction des montants absolus dépensés (les dépenses publiques représentant 57% du PIB) et à leur baisse par rapport à l'année précédente – d'abord pour se conformer à la règle européenne des 3% de déficit budgétaire, ensuite pour arriver à un excédent, indispensable pour amorcer un désendettement.

Quelques chiffres mettent en perspective l'effort extraordinaire et exceptionnel qu'il reste à accomplir par rapport au niveau réel des dépenses de l'État en 2014. Deux hypothèses de départ : d'une part la croissance annuelle de l'économie se situera, pendant plusieurs années, entre 1% et 2% par an et, surtout compte tenu des baisses d'impôts annoncées, les recettes ne dépasseront pas significativement le niveau actuel ; d'autre part, il est difficile d'imaginer que la France ne remboursera pas un jour, ne fût-ce qu'une partie ses dettes – par exemple pour ramener son niveau d'endettement, qui atteint presque 100% du PIB, à la moyenne européenne d'environ 85% du PIB.

Le « bout du chemin », par rapport aux 3% de déficit promis à Bruxelles – et en partant des 4% actuels – représente un effort d'environ 20 milliards d'euros par an, soit en glissement réparti sur 3 ans entre 55 et 60 milliards d'euros. Le deuxième « bout du chemin », pour atteindre un budget équilibré et n'alourdissant plus la dette du pays, représente une baisse des dépenses d'environ 60 milliards d'euros par an. Enfin, le troisième « bout du chemin » envisageable, un remboursement très partiel, qui réduirait la dette à la moyenne européenne des 85% du PIB, nécessite un excédent cumulé ou, plus vraisemblable, la cession de biens appartenant à l'État à hauteur d'environ 300 milliards d'euros.

Il est compréhensible qu'aucun homme politique en France n'« ose » actuellement proposer un programme d'assainissement des finances publiques de cette ampleur. Tout le monde défendra l'argument qu'un État, comme le montre l'exemple américain, peut rester endetté de façon importante et ce pour une très longue période. Certains rappelleront que l'Italie, avec un endettement qui atteint toujours les 125% du PIB, sera en faillite avant la France. Mais il y a aussi ceux qui constatent, qu'avec un léger excédent budgétaire, l'Allemagne attaque déjà le troisième « bout du chemin »...

Des écarts pareils ne perdureront pas éternellement et les générations futures devront inévitablement faire face à la défaillance du système... Nombreuses sont les réflexions et propositions pour atteindre des montants d'économies nettement supérieurs aux 55 à 60 milliards d'euros promis à Bruxelles pour atteindre les 3% en 2017. Ainsi, les propositions des trois candidats potentiels de l'UMP à l'élection présidentielle de 2017, François Fillon, Alain Juppé et Nicolas Sarkozy, convergent vers un total compris entre 100 et 140 milliards d'euros, bien qu'ils restent flous sur la période et s'il s'agit d'économies cumulées ou d'une baisse du niveau annuel.

Tout le monde s'accorde pour affirmer qu'aucun des trois grands domaines de dépenses de l'État – par ordre d'importance, la protection sociale (25% du PIB, sans compter la Sécurité sociale, faisant l'objet d'un budget à part), le budget de fonctionnement proprement dit (20% du PIB) et les transferts vers les collectivités territoriales (11% du PIB, difficilement contrôlables) ne pourront échapper à une remise à plat draconienne.

Et l'effort principal, même s'il est difficile de l'admettre, devra probablement porter sur le « système social à la française » : l'écart énorme, de l'ordre de 12,3% du PIB, entre les dépenses publiques de la France (57,1% du PIB) et celles de l'Allemagne (44,8% du PIB) provient pour les deux tiers (8,1%) de la protection sociale, de la santé et de l'enseignement. Pour la seule protection sociale, les dépenses de la France, très proches de celles de l'Allemagne au début des années 2000, ont depuis augmenté de 4,1% du PIB en France alors qu'elles ont baissé de 2,9% en Allemagne.

Cela est à peine croyable : si la France avait le même niveau de dépenses publiques en pourcentage du PIB que l'Allemagne (qui supporte pourtant le surcoût de la structure fédérale et de la réunification), elle ferait des économies de l'ordre de 240 milliards d'euros par an !

Enfin, comme d'autres États l'ont fait, la France pourrait décider de rétablir ses comptes, et même de se désendetter, en procédant à des cessions importantes d'actifs. Au-delà des désinvestissements immobiliers et des quelques rares cessions de participations industrielles déjà pratiquées, la seule mise en vente d'une partie importante du portefeuille d'actions détenu par l'État, dont la valeur est estimée à 772 milliards (319 milliards d'euros d'actifs non financiers et de 453 milliards d'actifs financiers[1]), pourrait rapporter des sommes importantes (ce qui entraînerait, certes, la privatisation partielle ou totale des entreprises concernées).

1 Insee, le compte de patrimoine de l'État en 2013 (dernières données disponibles).

Relancer l'investissement

Pour une entreprise en difficulté, généralement déjà fortement endettée et sans rentabilité récurrente, cruellement à la recherche d'argent frais pour financer ses investissements, garants de sa compétitivité de demain - produits nouveaux, outils industriels ou logistiques, réseau commercial (magasins ou, désormais souvent, internet), système d'information, etc. -, il existe deux moyens de lever des fonds.

Tout d'abord, en cédant des activités ou des actifs (brevets, marques, terrains, bâtiments, murs de boutiques, etc.) non stratégiques. Puis, en attirant de nouveaux investisseurs, susceptibles de souscrire à une augmentation du capital ou de prêter, souvent par le biais d'obligations convertibles, les sommes nécessaires.

En France, du moins pour le moment, le problème ne se situe pas au niveau de la disponibilité des fonds. La capacité de la France à emprunter à des taux historiquement bas a déjà été mentionnée. La véritable question se situe désormais au niveau de l'utilisation de ces fonds. Les liquidités disponibles sont abondantes et, par l'intermédiaire du « *quantitative easing* » de la BCE, (presque) illimitées. En effet, la décision récente de la BCE, pour relancer la croissance, d'avoir recours au « *quantitative easing* », de créer 1 140 milliards d'euros de liquidités en rachetant du papier financier émis par les États et jusqu'ici détenu par les banques, est inédite pour l'Europe - bien qu'elle soit très répandue aux États-Unis et au Royaume-Uni. Elle ne produira les effets attendus que si l'argent disponible est effectivement investi dans l'économie et non pas, comme on peut le craindre, simplement placé.

Au niveau de l'État français, compte tenu de son niveau élevé d'endettement, tout autre usage que des « investissements d'avenir » (au lieu du financement des déficits du budget de fonctionnement) est à proscrire.

Et même, pour des investissements stratégiques, une sélectivité très rigoureuse s'impose.

Au niveau des entreprises, malgré la disponibilité et les taux d'intérêt extrêmement bas, la volonté des banques de prêter leurs liquidités à des projets qui augmenteraient leur risque reste à prouver. Et de toutes les manières, les intentions d'investissement des entreprises en France sont, à date, très limitées et ceci pour plusieurs raisons.

La croissance attendue du marché intérieur est faible. Au niveau de l'offre, des réserves de capacité significatives existent. Surtout, l'instabilité réglementaire et fiscale qui caractérise la France aujourd'hui, empêche une visibilité sur la rentabilité des investissements à moyen terme – sans mentionner certains excès verbaux « à la Arnaud Montebourg », peut-être très appréciés d'une partie de la gauche mais très préjudiciables auprès des conseils d'administration et des actionnaires, qui examinent et comparent différents pays et implantations possibles.

S'y ajoutent plusieurs paramètres, surtout ressentis par les investisseurs étrangers : la difficulté de licencier, souvent décriée à tort (le recours à la rupture conventionnelle et l'accord du 11 janvier 2013 sur les « maintien dans l'emploi » rendant la gestion des aléas conjoncturels et structurels nettement plus facile...), l'insécurité judiciaire en matière de compétences et de délais des tribunaux, la complexité du droit du travail français, l'interventionnisme régulier de l'État à tous les niveaux – au titre de l'intérêt stratégique et de l'emploi – et la tendance, en cas de changements stratégiques, à prendre les actionnaires en otage. D'où la nécessité, au-delà des discours séduisants du Président de la République, de garantir une véritable stabilité dans le temps, d'intervenir *a minima*, tout en veillant à contenir certains débordements.

Pour relancer l'investissement, pourquoi ne pas réactiver, de façon massive, le système des prêts d'honneur accordés aux TPE ?

Pourquoi ne pas faciliter fiscalement la transmission d'entreprises dont l'ancien propriétaire est atteint par la limite d'âge ? Pourquoi ne pas subventionner davantage certains investissements susceptibles d'améliorer le bilan énergétique ou écologique des entreprises ?

Forcer l'aboutissement du dialogue social

Tout dirigeant, surtout lorsqu'il est à la tête d'une entreprise en difficulté, sait qu'il vaut mieux que les représentants du personnel et les syndicats « fassent partie de la solution plutôt que du problème ». Il doit donc cultiver un dialogue social intense et régulier et prendre le temps pour être prêt à négocier ce qui doit être négocié. Jamais il ne dira qu'une offre est à prendre ou à laisser, jamais il ne rompra les négociations, jamais il ne tentera de « faire perdre la face » aux représentants devant l'ensemble du personnel, car rien n'est pire qu'un comité d'entreprise ou un syndicat « débordé par la base ». Par contre, toute direction avertie fera tout pour reconquérir le terrain de la communication, en éditant fréquemment des notes d'information et en tenant des réunions d'information réunissant l'ensemble du personnel, et exigera des délégués du personnel qu'ils prennent aussi leurs responsabilités.

Souvent partie prenante dans des négociations sociales tendues, je rends hommage à mes interlocuteurs syndicaux, issus de toutes les centrales majeures : jamais ils n'ont fait allusion, ce qui aurait pu être le cas, à mes origines et mon passeport allemand. Bien au contraire, la seule fois où j'ai fait l'objet d'attaques très personnelles, je me trouvais face à des syndicats allemands m'accusant d'être l'homme de main de mon actionnaire français.

Là encore, des idées totalement nouvelles et « *out of the box* » peuvent faire la différence : par exemple, le fait d'effectuer des « bilans de compétence » à grande échelle pour tous les collaborateurs (plus de 1 000 dans l'une de mes anciennes usines, au Mans) ; par exemple, dans le cadre d'une réduction des effectifs, le fait de proposer à tous les collaborateurs, susceptibles de trouver un emploi ou de lancer une activité ailleurs, de profiter de cette opportunité dans le cadre d'un congé sans solde et de pouvoir revenir, pour une seule journée, juste pour toucher leur indemnité de licenciement ; par exemple, de proposer des reconversions à des postes ou dans des secteurs très différents mais faisant appel aux mêmes aptitudes (comme le passage d'un travail d'assemblage électronique, nécessitant précision et rigueur, à la gestion de dossiers de sinistres du type euro-assistance).

Pour la France, on peut se poser la question de savoir si les partenaires sociaux, compte tenu du système actuel, peuvent encore jouer le rôle qui leur est assigné et s'il faut faire de leur accord, ou désaccord, un préalable à toute évolution du droit social et du droit du travail. L'échec des négociations du mois de janvier 2015 sur la modernisation des rapports sociaux pose cette question avec acuité ; autant que tous les accords récents, généralement signés uniquement par les syndicats « réformistes ». Force est de constater que jusqu'ici « les partenaires sociaux se sont révélés incapables de s'accorder sur des mesures tendant à modifier les règles de fonctionnement du marché du travail dans un sens favorable à la résorption du chômage »[1] - et ceci malgré un esprit d'ouverture plus marqué à la CFDT, mais malheureusement non suivi par FO et la CGT.

Comme cela est explicité dans le chapitre « que retenir de l'Allemagne », un rapprochement des négociations sociales des branches et des entreprises, avec la volonté de « remplacer la norme rigide étatique »[2] par une régulation des rapports sociaux plus proche du terrain et plus adaptée à la situation de chaque entreprise, de renforcer le rôle des représentants du personnel dans l'entreprise, par plus d'information et de « cogestion », est souhaitable mais avec - en contrepartie - une forte modernisation du monde syndical - qui se dirigerait idéalement vers la présence d'un seul syndicat par entreprise, vraiment représentatif, avec éventuellement une affiliation obligatoire de l'ensemble du personnel.

La volonté des dirigeants politiques français de pratiquer le dialogue, de responsabiliser les partenaires sociaux, tout en leur demandant de trouver un accord avec une date limite, est louable et souhaitable. Ce dialogue avait commencé à bien fonctionner dans le cadre de l'accord du 11 janvier 2013[3] - malheureusement signé uniquement par une partie des syndicats –, qui instaure notamment la généralisation de la couverture complémentaire santé et augmente sensiblement les possibilités

1 Bertrand Martinot, *Chômage : inverser la courbe*, Manitoba/Les Belles Lettres, octobre 2013.
2 *Ibid.*
3 Accord du 11 janvier 2013 « pour un nouveau modèle économique et social au service de la compétitivité des entreprises et de la sécurisation de l'emploi et des parcours professionnels des salariés ».

de sécurisation des parcours professionnels des salariés avec la création d'un droit à une « période de mobilité volontaire sécurisée », avec retour possible dans l'entreprise d'origine. Et qui permet surtout, dans le cadre d'accords dits de « maintien dans l'emploi », d'adapter le temps de travail et les rémunérations.

Il est envisagé, à juste titre, de confier aux branches industrielles et à chaque entreprise la négociation de sujets aussi controversés que la durée du travail. Mais, à défaut d'un meilleur fonctionnement des corps intermédiaires, qui placerait clairement l'intérêt général et national au-dessus des intérêts particuliers qu'ils représentent, il sera souvent indispensable que les politiques prennent leurs responsabilités et renoncent, purement et simplement, à faire d'un accord entre partenaires sociaux un préalable à toute réforme.

Changer les mentalités

Souvent marqués par plusieurs années de mauvais résultats, par les plans de restructuration et les changements de dirigeants fréquents, les salariés d'une entreprise en difficulté adoptent généralement un comportement bien spécifique : ils sont défaitistes (« on a déjà tout essayé », « cela ne marchera pas, non plus », « ce patron ne restera pas, lui non plus, longtemps dans l'entreprise »), peu enclins à prendre des initiatives, et encore moins des risques (de peur d'un échec et des sanctions encourues), et très méfiants quant à l'élaboration d'objectifs chiffrés et ambitieux.

Une autre approche que celle de « négocier » systématiquement des objectifs de ventes, de marge, de coût, etc. jugés ambitieux par la direction mais non atteignables par le collaborateur sollicité, a fait ses preuves[1]. Demander une amélioration permanente, mois après mois, par rapport, par exemple, à la même période de l'année précédente, et créer ainsi une « dynamique de progrès » à tous les niveaux et dans tous les domaines. Ce n'est qu'après avoir acquis la conviction de faire partie d'une équipe qui gagne (et donc à la lumière des premiers résultats positifs) et au prix de nombreux encouragements et stimulations, y compris financières, que les mentalités sont susceptibles d'évoluer positivement.

Et c'est probablement, dans le cadre d'un plan d'actionnariat salarial, le fait de participer par les résultats obtenus à la valorisation de son entreprise, qui s'est avéré la mesure la plus efficace pour retourner les attitudes et les habitudes (y compris de façon parfois spectaculaire celles des représentants du personnel). Chez Bull, au sein des filiales européennes dont j'étais responsable, pas moins de 78% des employés ont souhaité souscrire au capital de l'entreprise.

Au niveau d'un pays, faire évoluer les mentalités des citoyens, représente un défi colossal. Ce qui me frappe le plus après un voyage ou un séjour à l'étranger, surtout aux États-Unis ou en Asie, lors de mon retour au pays : c'est le passage d'un environnement entrepreneurial et dynamique,

1 Processus adopté par Jean Marie Descarpentries et Thierry Breton dans le redressement de Bull.

avec une perception généralement positive de la France, au pessimisme ambiant, à la critique permanente et à la morosité dans l'Hexagone. Pour des Français ayant passé plusieurs années à l'étranger, le fait de retrouver, à leur retour, toujours les mêmes discours et les mêmes querelles constitue un véritable choc.

Comment convaincre les Français que la mondialisation, en marche et inévitable, peut représenter une opportunité pour un pays disposant d'atouts extraordinaires ? Comment convaincre les bénéficiaires de longue date d'une couverture médicale gratuite et pratiquement illimitée, que cette protection doit être davantage orientée vers les pathologies graves et les urgences, au détriment des soins de confort ? Comment convaincre une partie des citoyens, vivant en grande partie des secours de l'État, qu'ils vont devoir faire tout ce qu'ils peuvent pour éviter de demander de l'aide ? Une société est un espace de solidarité, cela mérite d'être réaffirmé. Mais il ne faut pas renoncer à l'exigence que les citoyens doivent, de leur côté, faire tout ce qui est possible pour éviter de demander de l'aide plutôt que de penser immédiatement, et comme cela est parfois le cas en France, aux devoirs que l'État aurait envers eux.

C'est justement dans le domaine des attitudes et des comportements que le chômage de longue durée détruit la société française, par la désocialisation et le travail au noir. Et pourtant, le fait d'accepter de petits jobs, qui permettent tout de même de rester dans la vie active avec l'espoir, grâce à l'engagement personnel et la formation, de progresser, transforme les mentalités en les rendant plus volontaristes. Or, ce n'est qu'avec la coopération courageuse des syndicats et le soutien des médias (comme au temps des réformes du chancelier Schröder, en Allemagne) qu'une évolution progressive des mentalités sera possible (voir plus loin, « Rien sans les médias »).

C'est également ici, dans le changement des mentalités, que l'on devrait pouvoir s'appuyer sur une contribution rénovatrice des élites. Or, à ce jour, les anciens élèves des grandes écoles d'ingénieur et de l'ENA, microcosme à la française, représentent plutôt, à quelques rares exceptions près, une force d'inertie et de conservatisme. Dèjà en 1998, le sociologue Michel Crozier constatait que « le modèle français est en perte de vitesse car il ne peut répondre aux changements accélérés que nous connaissons dans ce monde de complexité. Il est indispensable de disposer de responsables d'origines diverses pour permettre la concertation des points de vue et l'expérimentation »[1]. Et de déplorer le règne d'une petite élite parisienne, organisée en castes et chapelles, qui prétend tout régenter dans le pays, par directives, sans aller sur le terrain.

J'ai, à titre personnel, expérimenté à plusieurs reprises, les difficultés que rencontrent ceux qui ne font pas partie des élites françaises et qui, malgré tout, tentent d'émerger grâce à leur talent, leur savoir-faire et leur détermination : une fois légitime, grâce à mes premières réussites, pour être candidat à des redressements d'entreprises plus importantes, je me suis régulièrement trouvé face à un ou plusieurs concurrents issus des grandes écoles françaises, disposant d'un réseau important et appuyés, voire imposés par telle ou telle filière… et j'ai généralement « perdu » – à tel point que mes dernières missions ont été hollandaises ou allemandes. Plus récemment, en tant que créateur d'une start-up dans le domaine pharmaceutique, j'ai dû faire face à l'interdiction incompréhensible par une agence de contrôle médical de l'un de mes produits phares, à fort potentiel mais vendu à « contre-courant » des laboratoires et d'une partie du corps médical. Cette interdiction a été invalidée, suite à mon recours, deux ans et demi plus tard par le Conseil d'État – mais entre-temps ma société avait périclité.

Enfin, dans la recherche d'un éditeur pour cet essai, j'ai été très bien accueilli par nombre d'éditeurs français connus qui, au-delà de leurs conseils très utiles, m'ont confirmé que, n'étant pas connu, ils ne préféraient pas prendre le risque d'éditer mon texte… ce qui m'a conduit à faire appel à un éditeur… belge. Derrière cette perception française – trop souvent négative – de la prise de risques, la question se pose de la capacité à sortir des sentiers battus, tout particulièrement à un moment où notre pays doit se réinventer.

Pourquoi ne pas exiger de l'ENA, de l'École Polytechnique et des autres « grandes écoles » de faire travailler les étudiants sur un projet de modernisation de la France, avec un prix d'excellence pour les meilleures idées ? Pourquoi, à l'image des nombreux prix décernés à des gestionnaires (meilleur directeur financier, directeur RH et manager de l'année), ne pas décerner de prix aux meilleurs dirigeants politiques réformateurs ? Pourquoi ne pas transformer ces élites et en faire un moteur pour l'innovation et la modernisation de l'État ?

Évidemment, le principal transformateur de mentalités, un actionnariat salarial, n'est pas réplicable au niveau d'un pays. Mais à partir

1 Michel Crozier, *La crise de l'intelligence. Essai sur l'impuissance des élites à se réformer*, Broché, 1998.

d'une certaine dose de démocratie directe (pétitions et référendums notamment) et, pourquoi pas, d'un grand emprunt d'État, à taux variable en fonction des résultats obtenus (qui montrerait, très rapidement, comme dans le cadre de l'actionnariat salarial, le degré de confiance des employés ou, ici, des citoyens, dans la « Direction »), les mentalités évolueront.

Faire des expériences étrangères le laboratoire de l'action

L'entreprise à la recherche d'un regain de compétitivité commencera, souvent avec l'aide d'un consultant extérieur, par regarder la concurrence. Elle identifiera les concurrents les plus performants, essayera de décrypter leur stratégie et cherchera, par ailleurs, des exemples de mesures ayant contribué à l'amélioration de leurs résultats. Comme cela certaines entreprises et leurs modes d'organisation et de fonctionnement, comme Toyota, pour les automobiles, ou Dell, pour les ordinateurs, ont été érigés en modèles de leur industrie. Viendra ensuite l'exercice le plus difficile : dans quels domaines essayer de se rapprocher des meilleurs en les imitant, et où continuer à se différencier en faisant d'autres choix ?

Nombreux sont les pays qui, au cours des vingt dernières années et surtout depuis la crise de 2008, ont lancé avec succès des réformes profondes. Ils ont en commun d'avoir, sous la contrainte des événements, engagé un effort de consolidation budgétaire de grande ampleur et tenté de corriger les obstacles structurels qui grevaient la compétitivité de leur économie. Entendons-nous, tout n'a pas forcément fonctionné, tout n'a pas forcément été pérenne... mais les exemples de réformes canadiens (conduisant à une réduction spectaculaire des coûts de fonctionnement de l'État tout en améliorant la qualité et l'efficacité du service public), italien et espagnol pour le retour de la compétitivité industrielle, de la confiance financière et en matière de droit du travail, pour ne citer que ces pays-là, ainsi que des idées issues du Danemark, du Royaume-Uni, du Portugal et de la Suisse mériteraient d'être adaptées, pour partie du moins, et testées en France... quitte à dire que, par cette adaptation, elles sont devenues françaises.

La suite de ce chapitre, sans rappeler l'intégralité des réformes engagées dans ces pays, se limite à décrire les mesures qui, selon moi, une fois adaptées, pourraient également réussir en France. Prétendre que rien de tout cela ne marchera en France relève d'une position de principe qui, appuyée sur aucun élément tangible, est puissamment idéologique et démontre une méconnaissance des évolutions à l'échelle mondiale.

En revanche, prenons une précaution indispensable : n'admettons jamais qu'il s'agit d'un copier-coller ou d'une transposition directe d'une idée ou d'une réforme ayant fait ses preuves dans un pays étranger - mais, pour éviter le rejet du « *not invented here* », revendiquons crânement un « *ownership* » à 100% français.

Les réformes du Canada

Entre 1993 et 2003, sous la responsabilité du Premier ministre social-démocrate Jean Chrétien et de son ministre des Finances, Paul Martin, le Canada, conscient du coût excessif et de la qualité médiocre de ses services publics, a lancé une réforme exceptionnelle et, jusqu'ici, assez unique. Plutôt que de procéder, comme souvent en Europe et surtout en France, par « rabotages » successifs, l'équipe gouvernementale s'est vue fixer un objectif de plus de 20% d'économies et, compte tenu de l'ampleur de cet objectif, a utilisé une approche connue dans le monde des consultants sous le nom de « budget base zéro » (BBZ) : cette approche consiste, service public par service public, à réfléchir au rôle réduit de l'État, à hiérarchiser les prestations et à réorganiser de façon fondamentale les services publics, comme si l'on partait de zéro. La vision et l'objectif étaient, bien entendu, de « faire mieux avec moins ».

Pour y arriver, toutes les prestations de l'État ont été soumises à une « revue des programmes » : était-ce au gouvernement fédéral de s'occuper de cette fonction ? Et, avec quelle efficacité effectuait-il le travail ? Les critères d'évaluation fournis par les Ministres étaient au nombre de six : 1) l'intérêt public 2) la nécessité de la participation de l'État 3) le niveau approprié de l'échelon fédéral 4) les possibilités de partenariats public-privé 5) le potentiel d'une efficacité accrue et 6) la faisabilité d'une réforme en termes de coût.

De plus, la responsabilité de certaines prestations fut immédiatement décentralisée vers les provinces et le système des retraites modifié, pour devenir un système par capitalisation. Les résultats ont été pour le moins spectaculaires : 9,7% d'économies (dépassant l'objectif de 8,8%) pour la seule année 1995, avec une réduction des effectifs de fonctionnaires fédéraux de 14% et la baisse de ceux de différents Ministères de 40% sur deux ans.

Avec le repli partiel de l'État, l'initiative privée repartait, tout comme les recettes fiscales. Depuis, sous un gouvernement conservateur, la taille de la fonction publique a de nouveau augmenté. Mais les mesures prises par le Canada, fondées sur l'idée d'un État modeste mais efficient, fournissent à tous les pays des idées susceptibles d'être imitées tout en les adaptant.

Les réformes en Italie

Quand, à l'automne 2011, l'Italie affichait un taux d'endettement de 126% du PIB, que le taux d'intérêt pour son refinancement affichait un écart de 600 points de base avec l'Allemagne et que plus de 40% des experts n'excluaient plus une défaillance financière, le gouvernement de Mario Monti, majoritairement composé de Ministres « technocrates », issus des mondes de l'université et de la banque, et soutenu par trois partis avec une large majorité au Parlement, a lancé un programme important de réformes structurelles : hausses d'impôts aux effets immédiats mais également économies budgétaires, report de la retraite des hommes à 66 ans (62 ans pour les femmes, avec un alignement prévu en 2018), déverrouillage du marché du travail (comités d'entreprise se substituant aux conventions collectives), assouplissement des procédures de licenciement, incitations fiscales pour améliorer la productivité et les marges des entreprises, compression de la demande intérieure et amélioration des performances à l'export, lutte contre la corruption et le clientélisme, etc.

Par ailleurs, l'Italie a assumé, sans complexe et en se servant de cette contrainte face à son opinion publique, l'intégration de sa politique économique restrictive, notamment budgétaire, dans une stratégie européenne, contribuant ainsi en 2012 à la stabilisation de la zone euro et de l'Union européenne.

Les résultats ont été, dans un premier temps, mitigés : relâchement immédiat des taux d'intérêt, aucune nécessité de faire appel à l'aide européenne et de la « Troïka » (FMI, Union européenne et Banque centrale européenne), retour à une balance commerciale excédentaire... mais croissance toujours insuffisante, impact limité sur le chômage (le maintien en activité des seniors freinant l'accès des jeunes au marché du travail...) et décrochage total du sud de l'Italie.

D'où de nouvelles mesures, prises par le gouvernement de Matteo Renzi : baisse des impôts, modification radicale du code du travail, réforme territoriale draconienne, cession d'actifs appartenant à l'État, renégociation du désendettement « donnant-donnant » avec Bruxelles... le tout au pas de course et en rattrapant, en quelques mois, plusieurs décennies d'immobilisme. Quitte à, fort de ses 41% aux élections européennes, remplacer, à plusieurs reprises, la négociation avec les corps intermédiaires par un dialogue permanent de démocratie directe entre l'Italie et lui-même.

Jusqu'ici le mouvement des réformes est toujours en marche, et de nombreuses voix, même de sensibilité politique différente, préconisent de laisser faire pour le bénéfice de la nation. Soit, à la fin de son mandat, Matteo Renzi n'aura créé qu'une agitation générale menant à un semi-chaos, soit il aura fait gagner à son pays vingt ans sur la voie des réformes.

Les réformes en Espagne

En dehors de la Grèce, l'Espagne était probablement le pays européen où la crise de 2008 a eu les conséquences économiques les plus dramatiques. Bénéficiant sur la période 2000 à 2007 d'une croissance annuelle du PIB (7,1 %) nettement supérieure au reste de la zone euro (4,2%), la bulle espagnole, surtout immobilière, a explosé et a entraîné la faillite de très nombreuses entreprises et du système bancaire, un dérapage des finances publiques, une crise de la dette (avec des taux d'intérêt atteignant 7%) et, surtout, un chômage de masse culminant à 27% en 2013.

Ayant connu des difficultés bien plus importantes que la France et, à certains aspects, que l'Italie, et loin d'être au bout du chemin (la demande intérieure reste faible, le chômage à 24% et la pauvreté et l'exclusion sociale importantes), l'Espagne est certainement le grand pays européen qui a engagé le plus de réformes structurelles courageuses ; avec, entre 2007 et 2013, une baisse de la part des salaires de 17% dans la valeur ajoutée permettant aux entreprises d'améliorer leurs marges et de retrouver une compétitivité à l'export (d'où le retour à une balance commerciale excédentaire), mais également une réforme profonde du marché du travail (nouveaux contrats de travail avec période d'essai allongée, réduction des cotisations patronales, baisse du coût des licenciements, durcissement des conditions d'accès au chômage, assouplissement des procédures de négociations collectives, etc.), une compression des dépenses de la fonction publique (moins 8% entre 2008 et 2014), une réforme de son système de retraites et, enfin, la restructuration de son secteur bancaire, l'Espagne a retrouvé le chemin de la croissance (estimation de 1,3% pour 2014 et 2 % pour 2015).

Tout ce programme a été mis en œuvre en à peine plus de cinq ans, dans le cadre d'une démocratie parlementaire vivace, entrepris, pour partie, dans les 100 premiers jours du gouvernement de Mariano Rajoy, et malgré des retours de bâton passagers (lors de la réforme du marché du travail, rebond du nombre de chômeurs de 5,4 millions en janvier 2012 à 6,1 millions en avril 2013), mais avec l'espoir d'avoir retourné le pays à moyen et long terme. « Les principales réformes structurelles ont pu être adoptées en s'appuyant sur la demande d'équité et de transparence des citoyens, sur la légitimité politique conférée par l'élection du nouveau gouvernement et grâce à une alliance entre grands partis »[1].

L'une de ces réformes mérite une mention particulière : celle des retraites, dont le régime sera désormais actualisé tous les cinq ans selon l'évolution de l'espérance de vie.

1 Adrienne Brotons, *Espagne : derrière l'austérité, la reprise*, Institut de l'Entreprise, les notes de Benchmark, novembre 2014.

Quelques bonnes idées appliquées par d'autres pays

Cinq autres pays, par certaines initiatives en matière de gouvernance et de réformes, sont susceptibles de fournir des idées intéressantes à une France en retournement : le Danemark, la Hollande, le Royaume-Uni, le Portugal et la Suisse.

Le Danemark offre le meilleur exemple d'une cohésion sociale réussie. Malgré un niveau d'imposition allant jusqu'à 65% des revenus et une TVA à 25%, les Danois se classent régulièrement 1ers du « *world happiness report* »[1], des peuples les plus heureux du monde (là où la France occupe actuellement la 25ème place sur 156 pays). Cherchant parmi les dix commandements du bonheur danois[2], les raisons transposables à un pays comme la France de ce phénomène, on peut mettre en avant la confiance des citoyens envers leur entourage (78%) et leurs institutions (84%), leur système d'éducation égalitaire et non élitiste, conçu pour 95% des enfants, l'autonomie précoce des jeunes (aidée par une bourse d'études de 760€/mois sans conditions de ressources), une satisfaction sur l'équilibre entre impôts acquittés et services fournis par l'État-providence et un système de valeurs plaçant l'objectif de se réaliser très loin devant le désir de devenir riche. Une autre étude plus surprenante, celle de l'Université de Warwick, attribue cette aptitude au bonheur à un gène du bonheur facilitant la production de sérotonine chez les Danois.

L'autre point fort, souvent cité, du Danemark est son système de « flexisécurité » des emplois : une grande facilité à licencier, une assurance chômage confortable mais fortement orientée vers la formation et une incitation importante à retrouver et à accepter un nouveau travail.

---

1 *World Happiness Report 2013*, Edited by John Helliwell, Richard Layard and Jeffrey Sachs, avril 2014.

2 Malene Rydahl, *Heureux comme un Danois*, Grasset, 2014.

En **Hollande**, depuis la mise en œuvre du « *work first act* », aucun jeune ne peut recevoir une allocation chômage sans avoir travaillé au moins une fois.

Parmi ce qui frappe le plus dans les résultats du retournement économique de **l'Angleterre** figure certainement le recul impressionnant du chômage. Culminant encore à 8,4% en octobre 2011, il est redescendu à 5,9% en septembre 2014, aidé par le retour d'une croissance économique de 2,7% en 2014 et une croissance de 2,3% prévue pour 2015.

La raison de ce succès semble liée à un « *policy mix* » combinant une forte rigueur budgétaire (un budget de l'État passant de 48% à 43% du PIB), accompagnée, simultanément et pour pallier les effets négatifs sur la croissance, d'une politique monétaire de création de liquidités « à l'américaine ». Avec l'injection massive de 375 milliards de livres (soit 20% du PIB), surtout sous la forme de prêts aux entreprises par les banques commerciales, et sans écraser l'industrie privée par une pression fiscale accrue, l'économie, et avec elle les emplois, sont repartis vigoureusement[1]. Avec comme moteur principal, souvent les investisseurs étrangers : ainsi, malgré la sortie quasi-totale de l'Angleterre de l'industrie automobile, il y a déjà de nombreuses années, le pays - grâce aux usines des producteurs étrangers - pourrait produire en 2015 plus de voitures que la France.

Même si la France, en tant que membre de la zone euro, ne dispose pas d'une latitude aussi importante dans la gestion de sa masse monétaire, la décision récente de la BCE de favoriser, par le rachat de titres d'État portés par les banques, la création de liquidités supplémentaires très abondantes, permet d'accroître la pression sur les banques françaises pour qu'elles augmentent significativement leurs prêts aux entreprises et aux particuliers et soutiennent ainsi la croissance.

Le **Portugal**, après la Grèce et l'Irlande, en situation délicate sur un plan financier et ayant fait l'objet d'une aide de l'Union européenne, a lancé deux mesures qui ont considérablement contribué à attirer chez lui des capitaux étrangers : l'exonération fiscale de tous les retraités choisissant de s'installer au Portugal et la possibilité, pour des investisseurs étrangers immobilisant des fonds importants au Portugal, d'acquérir dans le cadre d'une double nationalité, la nationalité portugaise. La première mesure a attiré, entre 2012 et 2013, plus de 2 000 retraités[2], des Français

---

1 Michael McLeay, Amar Radia et Roland Thomas, « *Money creation in the modern economy* », *quarterly bulletin*, Bank of England, Q1 2014.

2 *Euronews*, « Le Portugal, paradis fiscal des retraités étrangers », 25 juillet 2014.

en majorité, et a permis une forte amélioration du marché immobilier des résidences secondaires. La deuxième mesure a jusqu'ici surtout attiré des ressortissants chinois fortunés, souhaitant mettre une partie de leurs actifs à l'abri, hors de leur pays d'origine. Les hypothèses tournent autour de 300 investisseurs chinois ayant demandé à bénéficier de cette mesure. Dans les deux cas, et avec des incitations fiscales similaires, la qualité de vie française devrait exercer un pouvoir de séduction bien supérieur à celui du Portugal.

Enfin, la **Suisse** peut nous servir d'exemple pour deux aspects de gouvernance : la régionalisation et la recherche d'une dose de démocratie directe. Bien qu'indispensable, ne serait-ce que pour tenir compte des trois communautés, allemande, française et italienne, qui composent la population helvétique, la Suisse a poussé sa régionalisation bien plus loin. En effet, elle se compose de 26 cantons aux délégations de pouvoirs importants : chaque canton a sa propre constitution, ses propres parlement, gouvernement et tribunaux. De façon surprenante, cette décentralisation très poussée n'a pas entraîné, comme on aurait pu le penser, un surcoût des services publics. Au contraire, et certainement grâce à la concurrence entre cantons pour attirer entreprises, individus fortunés et main-d'œuvre qualifiée, les impôts et taxes sont devenus un facteur de compétition et ne dépassent pas une fourchette comprise entre 20 et 43%, pour des prestations tout à fait confortables.

Pour ce qui est des possibilités de faire participer la population suisse au fonctionnement politique du pays, environ 15 référendums sont organisés chaque année à différents échelons national, régional ou local. Pour pouvoir lancer une pétition et demander une mesure spécifique, il faut réunir 100 000 voix. Pour questionner les citoyens sur un sujet d'intérêt général, il faut 50 000 signatures.

Sans préconiser une démocratie avec une participation aussi directe pour la France, une implication plus intense des Français, surtout dans une période de réformes importantes et face à des blocages relevant souvent de privilèges acquis et de corporatismes, paraît tout à fait indispensable.

Que retenir de l'Allemagne ?

Actuellement, les situations économiques de l'Allemagne et de la France, notamment au niveau du chômage, du commerce extérieur, des équilibres budgétaires ou de l'endettement divergent fortement et l'écart a tendance à se creuser, à tel point qu'Hubert Védrine, en janvier 2013, jugeait que « le rééquilibrage de la relation franco-allemande est une nécessité »[1].

Critères	Allemagne	France
1 - Redressement	Rapide, courbe en V	Lent, courbe en U
2 - PIB croissance 2013	Modéré + 0,5%	Faible/Récession -0,1%
3 - Déficit budgétaire (% PIB)	+0,4%	-4%
4 - Dette (% PIB)	En baisse à 77%	En hausse à 95%
5 - Dépense publique (% PIB)	45%	57%
6 - Chômage	Réduit / Moyenne 6% / Jeunes 8%	Croissance / Moyenne 11% / Jeunes 25%
7 - Commerce	Excédent de 150 Mrd €	Déficit de 45 Mrd €
8 - Taux d'emploi	77%	69%
9 - Coût de l'unité de travail	2000 - 2013 : +10%	2000 - 2013 : +30%
10 - Rang au sein des pays	Stable : #9	Dégradé : #28

Source : Analyse McKinsey.

Alors que l'Allemagne semble avoir dépassé la crise et que la France continue à en pâtir sérieusement, ce chapitre souhaite à la fois apporter, par le regard d'un Allemand, un certain nombre d'éclaircissements sur la politique allemande, mais également, sans ériger l'Allemagne en modèle, indiquer, là aussi, les principaux domaines dans lesquels, tout en adaptant les mesures à la situation française, une orientation similaire semble possible et souhaitable.

Rappelons d'abord qu'il n'y a pas très longtemps, à la fin des années 1990, l'Allemagne était considérée par de nombreux économistes et experts, comme l'homme malade de l'Europe – affichant un taux de croissance plus faible que la France (1,8% pour l'Allemagne en 1999, contre 2,8% pour la France[2]), fortement orientée vers les industries du passé

1 *Le Figaro*, 2 janvier 2013.

2 Source : Insee.

(sidérurgie, machine-outil, chimie lourde, etc.), avec un coût de la main-d'œuvre élevé et surtout engagée dans une réunification extrêmement coûteuse.

Par quel « miracle » et grâce à quels mécanismes, l'Allemagne a-t-elle pu réussir son retournement au cours des dernières dix à quinze années, car cette mutation a bien duré plus d'une décennie ?

Sans être exhaustif, et portant plutôt un éclairage sur des exemples transposables en France, la mutation réussie de l'Allemagne a été rendue possible grâce à au moins cinq facilitateurs : un rôle plus limité de l'État, un gouvernement pouvant s'appuyer au Parlement sur la majorité forte d'une grande coalition, une continuité dans la mise en œuvre des principales mesures, un fédéralisme efficace et un dialogue social constructif et pragmatique.

En premier lieu, de par sa Constitution et dans la pratique, le rôle de l'État dans l'Allemagne d'aujourd'hui est limité. Au niveau national, il est supposé fournir des cadres et orientations, stables dans le temps, au sein desquels l'initiative privée peut agir librement. Évidemment, ceci n'empêchera pas la Chancelière d'intervenir malgré tout, ponctuellement, dans des dossiers particulièrement sensibles comme, par exemple, la restructuration des usines Opel – lors des difficultés que rencontrait General Motors – ou la contribution financière additionnelle des groupes énergétiques en contrepartie d'une autorisation de prolonger le maintien de leurs centrales nucléaires, négociée seulement peu de temps avant l'accident de Fukushima et l'abandon total du nucléaire par l'Allemagne. Mais en règle générale, ni les entreprises allemandes, ni les citoyens ne souhaitent ou ne s'attendent à une intervention régulière de l'État contrairement à la France, où l'État, par l'un de ses multiples organes, intervient pratiquement partout, et où le citoyen, dès qu'il se sent individuellement ou collectivement en difficulté, se retourne immédiatement vers l'État.

De plus, les cadres et orientations définis par l'État allemand, par exemple en matière environnementale, énergétique ou fiscale, restent *a priori* stables (plutôt que de changer, comme en France, en permanence), facilitant ainsi une prise de décision des gestionnaires et des investisseurs sur le moyen terme.

Le deuxième facilitateur des réformes allemandes a été la très large majorité au Parlement, lors des « grandes coalitions », formée par les chrétiens-démocrates au pouvoir (CDU/CSU) et leur partenaire social-démocrate (SPD). Au contraire, en France, où le Président dispose d'un pouvoir quasi-monarchique, y compris sur le choix du Premier ministre et de son gouvernement, la cohabitation entre Jacques Chirac et Lionel Jospin a plutôt été vécue comme une contrainte et une période rendant les grandes réformes impossibles. À tort, car c'est à ce moment-là que la France disposait d'un créneau unique pour avancer dans l'intérêt de la nation.

Le troisième facilitateur réside dans la continuité des politiques menées par les Chanceliers et les gouvernements. Certes, les principales réformes en matière de droit du travail, de chômage et d'aides sociales ont été initiées et votées par le chancelier Schröder, d'orientation social-démocrate (il est toujours plus « aisé » pour un homme politique de (centre) gauche de faire passer des mesures sociales difficiles...). Il faut noter que c'est seulement après sa réélection, au cours de son deuxième mandat, au prix de sa non-réélection en fin de mandat et de la scission avec l'aile gauche de son parti, que les principales réformes, les quatre lois Hartz de l'Agenda 2010, ont été votées : en janvier 2003, la loi Hartz I, assouplissant les possibilités de licenciement et le travail intérimaire ; en avril 2003, la loi Hartz II, instaurant le statut d'auto-entrepreneur et toutes formes de mini-jobs entre 400€ et 800€ de rémunération mensuelle, relevés en 2012 à 450€ et 850€) et affichant ainsi la préférence pour un emploi rémunéré au minimum à un chômage indemnisé ; en avril 2004, la loi Hartz III, réformant l'équivalent allemand de Pôle Emploi et introduisant des objectifs et des mesures d'efficacité par agence ; et enfin, la loi Hartz IV, réduisant l'indemnisation du chômage et rendant les obligations d'un retour à l'emploi plus contraignantes et fusionnant l'essentiel des prestations sociales.

Certes l'ensemble de ces réformes, et surtout la préférence donnée à des « petits jobs » plutôt qu'à des indemnisations de chômage, a fait progresser, pour une partie de la population, une certaine précarité. Mais elles ont permis de casser durablement le chômage structurel de masse et de longue durée, ont évité de laisser de nombreuses personnes isolées et ont permis de limiter surtout le chômage des jeunes, y compris des jeunes sans qualification, à 7% ; ce qui est un choix délibéré que, même aujourd'hui, la France ne semble pas prête à envisager.

Par contre, la baisse générale du chômage en Allemagne semble être, selon les experts, davantage la conséquence de la modération salariale et d'un regain de compétitivité que des mini-jobs.

Bénéficiant de 2005 à 2009 d'une première grande coalition entre chrétiens-démocrates et socio-démocrates, d'une majorité de 397 députés sur 611 députés au Parlement, la chancelière Merkel a pu consolider et amplifier les réformes Schröder et n'a pas ouvert son mandat par le détricotage des réformes que son prédécesseur avait difficilement mises en œuvre. Dans les gouvernements allemands, certains Ministres ont connu ou connaissent une longévité extraordinaire (Hans-Dietrich Genscher fut ministre des Affaires étrangères pendant dix-huit ans et Wolfgang Schäuble, d'abord ministre de l'Intérieur, est ministre des Finances depuis 2009). Les différences avec la France sont saisissantes, mais la voie à suivre est claire : construire dans la continuité, sur la base d'un consensus politique élargi et dépassant les clivages gauche-droite traditionnels.

Le quatrième grand facilitateur de la mutation allemande, beaucoup moins fréquemment cité, réside dans sa structure résolument fédérale (30% des dépenses de l'État allemand vont aux régions contre seulement 11% aux collectivités en France). Avec, dès l'origine, de fortes différences historiques, culturelles et de richesse entre les régions (Länder) de l'ancienne République Fédérale, amplifiées par l'arrivée des Länder de l'ancienne RDA, le fédéralisme allemand permet proximité et différentiation dans les mesures politiques. Avec les compétences, entre autres, en matière d'éducation (on ne suit pas le même cursus et ne passe pas le même baccalauréat à Francfort, Leipzig ou Munich...), de sécurité (même la couleur des uniformes de police varie selon les régions...), de santé et de culture, l'Allemagne allie proximité avec le terrain, diversité et souplesse.

L'existence de seize Länder, disposant chacun de son gouvernement issu d'alliances politiques très variables (grande coalition, alliance droite-centre, gauche-écologistes et maintenant même, en Thuringe, gauche – écologistes ex-communistes), découpe les mutations recherchées en morceaux plus maîtrisables et permet des essais grandeur nature sur une base déjà importante – ce qui fournit régulièrement des indicateurs et avertissements précieux au pouvoir central. Il faut également noter l'existence d'au moins une dizaine de capitales régionales avec leurs sièges de grands groupes, leurs universités et surtout leurs élites locales. Car l'histoire et la régionalisation ont empêché l'émergence, comme cela est le cas en France, d'une élite nationale très homogène mais difficile à pénétrer, l'existence d'un microcosme parisien et d'un antagonisme Paris-province. D'où la nécessité, en France, d'une plus grande hétérogénéité et perméabilité des élites et des grands corps de l'État et d'une vraie décentralisation des compétences, des budgets et des effectifs dans le cadre d'une réforme territoriale, encore à peine initiée.

Enfin, et cinquièmement, souvent cité comme le facteur de différenciation le plus important par rapport à la France, l'Allemagne, surtout en situation de crise, peut compter sur de bonnes pratiques sociales, qui empreintes de pragmatisme, permettent entre employeurs et syndicats des accords « gagnant-gagnant »[1]. Pour un dirigeant d'entreprise en Allemagne, le dialogue social fait partie du quotidien. Habitué, dès les années 1950, dans l'industrie du charbon et de l'acier, à une représentation paritaire des employés au conseil d'administration, il associera son comité d'entreprise (ou, dans les groupes, son comité central) à tous les aspects et décisions majeures de l'entreprise sans qu'il n'ait besoin ni de rappel, ni de menaces.

D'où peut venir cette perception, beaucoup moins antagoniste, des positions entre Direction et représentants du personnel en Allemagne ?

Tout d'abord de l'existence d'un seul syndicat de branche et non pas, comme en France, d'une multitude d'organisations syndicales concurrentes qui pratiquent, surtout en période électorale et pour légitimer leur existence, une surenchère stérile. Mais, également, d'une séparation des rôles très claire entre un délégué du personnel ayant reçu son mandat de la part de ses collègues mais restant l'un des leurs – car chaque jour présent à son poste – et le représentant syndical, syndicaliste à temps plein et « invité » lors des réunions de l'ensemble du personnel organisées par le comité d'entreprise avec une mission d'information et de conseil. Par contre, il revient au syndicat unique de branche, globalement nettement plus représentatif qu'en France et très puissant, au niveau régional ou, plus rarement, au niveau de la fédération nationale, d'être l'interlocuteur exclusif de l'organisation patronale avec laquelle il négocie notamment les accords pluriannuels d'évolution des salaires. C'est également lui qui dépose les préavis de grève, indemnise les grévistes et se bat pour faire évoluer la législation sociale.

Depuis longtemps déjà et malgré des périodes de grève parfois très suivies et très dures, par exemple dans la métallurgie ou les transports, les syndicats allemands ont su modérer leurs demandes en période de crise (attitude expliquant en partie le regain de compétitivité de l'Allemagne grâce à son coût salarial), tout en réussissant à faire passer leurs revendications une fois le danger écarté (ce qui caractérise plutôt la période actuelle avec, par exemple, la mise en œuvre progressive d'un SMIC et d'un rattrapage au niveau des salaires). Ils ont également toujours pensé, qu'en contrepartie d'une sauvegarde des emplois en Allemagne, une

1 Voir aussi : Axel Rückert, « Faut copier l'Allemagne ? », *Les Échos*, 7-8 septembre 2012.

certaine souplesse, par exemple quant au temps de travail et aux salaires, était de mise.

Notons que cette « souplesse » est le résultat qui donne en Allemagne, contrairement à la France, la primauté au droit des conventions collectives de la branche sur le droit du travail – et permet donc des accords au niveau de chaque entreprise, sur le chômage partiel, le compte épargne-temps et des réductions du temps de travail avec une réduction correspondante de la rémunération.

Évidemment, le système allemand n'est pas transposable à l'identique en France, mais deux aspects le seraient au moins à moyen terme : une plus grande autonomie des délégués du personnel, avec des droits renforcés, au sein de chaque comité d'entreprise par rapport aux centrales et aux consignes syndicales. Et une loi électorale poursuivant, au travers d'un fort bonus de délégués à la majorité gagnante (comme aux élections municipales), une évolution vers un syndicat (presque) unique par entreprise.

D'autres aspects de la politique allemande doivent être évoqués mais paraissent nettement moins déterminants : en commençant par cet appel régulier et insistant de la Chancelière et des dirigeants politiques allemands, droite et gauche confondues, à une stricte orthodoxie financière. Pour mieux comprendre cette intransigeance quant à la rigueur budgétaire : c'est, à deux reprises, la perte de valeur totale de leur monnaie qui a rendu deux générations d'Allemands extrêmement réticents à toute dépense inconsidérée, surendettement et inflation. C'est aussi l'origine de la Chancelière, qui a vécu en ex-RDA, sa méfiance et sa modestie, qui rendent Angela Merkel très prudente, susceptible de se faire forcer la main, mais qui l'ont rendue aussi extrêmement populaire (sa cote de popularité est largement supérieure à celle de son parti) et lui ont valu le surnom de « Mutti ». Mais, incontestablement, en Grèce et, potentiellement en Italie et en Espagne, la rigidité de la Chancelière a pu engendrer des ressentiments populaires anti-allemands.

Mais probablement, comme en 2009 où sous la pression des États-Unis et de l'Union européenne, la Chancelière s'était finalement résignée à lancer un deuxième plan de croissance, et comme elle a fini par accepter que la Banque centrale européenne joue un rôle bien plus large que la seule défense de la stabilité monétaire... elle finira par accepter une politique plus équilibrée entre rigueur et croissance et, conservant de réelles marges de manœuvre, lancera davantage d'investissements d'infrastructures en Allemagne.

En effet, en matière d'investissements publics, avec 142€/habitant, par rapport à une moyenne de 226€/habitant dans la zone euro, l'État allemand est resté, dans le passé, relativement timide, et de nombreuses voix en Allemagne demandent au ministre des Finances de prévoir un budget d'investissement supplémentaire pour les infrastructures, l'éducation, les technologies nouvelles et l'écologie.

Les forces actuelles de l'Allemagne seront-elles pérennes pour autant ? Un chômage extrêmement bas, une croissance supérieure à celle de la France (autour de 1,5% pour 2014, malgré un « trou d'air » d'une baisse à 0,2% au deuxième trimestre, et une prévision d'environ 1,5% pour 2015), un excédent record de la balance commerciale, un budget équilibré... En effet, des volatilités grandissantes semblent indiquer que tout ne restera probablement pas au beau fixe. De là à croire certains experts qui prédisent qu'en vingt ans, surtout à cause de sa démographie, la France aura dépassé l'Allemagne[1] ou qu'il faudrait, comme l'avance Jacques Attali, préférer le modèle français au modèle allemand, cela semble excessif. Notons tout de même que l'Allemagne compense sa faible natalité, au moins partiellement, par une immigration sélective importante - 400 000 entrées en 2012 par rapport à 259 000 en France - et que ses capacités de trouver des consensus pour des changements se sont souvent avérées considérables par le passé.

Mais ce qu'il faut éviter à tout prix pour la stabilité de l'Union européenne, c'est un écart trop important dans l'évolution et les performances des deux pays avec, pour conséquence, un manque de compréhension, des désaccords fréquents et, surtout, l'impossibilité de continuer à se parler « entre égaux ».

Car, si en matière de perception de la France par les Allemands (87% d'opinions positives) et de l'Allemagne par les Français (85% d'opinions positives), l'image de base reste très positive, 63% des Français continuent à penser qu'il faut continuer à s'inspirer du modèle allemand, alors qu'il n'y a plus que 21% des Allemands qui pensent la même chose en ce qui concerne le modèle français[2].

À cet égard, le récent rapport Pisani-Enderlein[3] est tout à fait intéressant, surtout parce qu'il plaide pour des efforts des deux côtés du Rhin : côté français, il préconise plus de souplesse dans l'organisation

---

1 *Daily Telegraph*, 14 octobre 2014..

2 *Enquête IFOP réalisée pour l'Ambassade d'Allemagne en France, décembre 2012.*

3 Henrik Enderlein et Jean Pisani-Ferry, *Réformes, investissement et croissance : un agenda pour la France, l'Allemagne et l'Europe*, novembre 2014.

du temps de travail des entreprises, des coûts et délais des licenciements plus prévisibles, de faire passer d'un à trois ans les intervalles entre les négociations salariales et de changer la formule d'indexation du salaire minimum, de préparer le terrain en vue d'une réforme ambitieuse de la formation et de l'assurance chômage et, enfin, de ramener à 50% du PIB les dépenses publiques contre 57% actuellement.

Côté allemand, le rapport recommande, entre autres, d'accélérer l'immigration pour contrer une démographie défavorable et d'augmenter de 24 milliards d'euros, sur la période 2015 à 2017, les investissements publics d'infrastructure. Enfin, pour ce qui est des initiatives communes, le rapport recommande une intégration franco-allemande plus poussée dans les secteurs d'importance stratégique, comme l'énergie ou le numérique, et une convergence vers un modèle social commun. Le rapport économique annuel du gouvernement, paru en janvier 2015, intitulé « investir pour l'avenir de l'Allemagne et de l'Europe », semble indiquer que le message a été compris.

Si une entente solide et préalable entre la France et l'Allemagne sur tous les projets européens majeurs est toujours recherchée et indispensable, et si certains protagonistes vont jusqu'à dire que l'avenir de l'Europe se décide entre Berlin, Paris et Francfort (siège de la Banque centrale européenne), force est de constater que, comme par le passé, les désaccords restent nombreux et mettent leurs relations à rude épreuve.

Tout d'abord les relations entre Angela Merkel et François Hollande, suite à des maladresses de part et d'autre (rencontre du seul parti social-démocrate par François Hollande lors de son voyage en Allemagne en 2012, soutien actif d'Angela Merkel à Nicolas Sarkozy, lors des élections présidentielles de 2012), ne connaissent pas une complicité comparable à celles des tandems Schmidt-Giscard, Kohl-Mitterrand et Chirac-Schröder précédents. Et, François Hollande n'a jamais cessé depuis lors et sans succès, de monter la gauche allemande et les dirigeants politiques de l'Italie et de l'Espagne contre la Chancelière.

Ensuite, leurs visions et décisions divergent sur de nombreux sujets : rigueur contre croissance, moyens à donner à la BCE, réformes structurelles insuffisantes de la France, droits et avantages donnés aux émigrés (c'est la Chancelière qui a obtenu le jugement de la Cour européenne contre le « tourisme social »). Comparativement les consensus sont assez rares : lutte contre le chômage des jeunes, sanctions contre Vladimir Poutine dans le dossier ukrainien, lutte contre le terrorisme...

Alors que faire ? D'abord réserver plus de temps pour les sommets franco-allemands, aujourd'hui souvent limités à une halte sur le chemin d'une autre destination, et la tenue d'une conférence de presse commune – mais sans projet commun – et des rencontres informelles. Et s'afficher ensemble, ostensiblement, grâce à des pré-accords, lors des sommets et conférences internationales. Car il ne faut pas être d'accord sur tout, mais il faut être intimes... Dans ce contexte, l'épanchement de la Chancelière sur l'épaule de François Hollande à la fin de la manifestation du 11 janvier 2015, et, surtout, leur négociation commune avec le Président russe marquent, après le « Merkozy », peut-être le début d'un « Merlande ».

Ensuite retrouver des symboles forts, comme la nomination d'un Conseiller spécial pour les relations franco-allemandes (tel que Brigitte Sauzay du temps du chancelier Schröder), l'élargissement de l'Eurocorps constitué de soldats allemands et français et la participation de ce corps d'armée et de son équipement au défilé du 14 juillet, le tout comme le « nucléus » d'une armée européenne, sans négliger l'ouverture d'ambassades communes dans de nombreux pays du tiers-monde. Puis, multiplier les convergences et les projets communs : dans la fiscalité, le droit social, la transition énergétique, la protection de l'environnement...

Enfin, si on écoute Carsten Pillath, Directeur Général Économie et Compétitivité au Conseil Européen, ré-accéder à la connaissance de la langue et de la culture de l'autre, aujourd'hui largement perdue, grâce à un véritable programme Erasmus franco-allemand pour responsables politiques et haut-fonctionnaires.

Pourquoi la France ne négocierait-elle pas une accélération de ses réformes structurelles contre une augmentation de la participation militaire de l'Allemagne aux missions militaires françaises en cours ? Pourquoi, au niveau des citoyens, ne pas dépoussiérer la routine (rassurante) des échanges et autres jumelages franco-allemands par des projets extraordinaires communs : comme de grands événements culturels, championnats du monde sportifs et même des Jeux Olympiques organisés en commun ?

Une plaisanterie fameuse raconte que « le football est un jeu où 22 joueurs courent pendant 90 minutes après un ballon et, à la fin, c'est l'Allemagne qui gagne »... Ce n'est pas entièrement vrai (le bilan des rencontres franco-allemandes enregistre davantage de victoires françaises que de victoires allemandes...), mais lors des compétitions qui comptent, l'Allemagne sait se surpasser... Je parie que, grâce à un élan national sans précédent pendant le prochain championnat d'Europe, qui se déroulera en France en 2016, cette fois-ci la France saura battre l'Allemagne, car « rien n'est impossible » ! Même sans Franck Ribéry... Comme son équipe nationale de football, la France, lorsqu'elle est tout entière fédérée derrière un objectif commun, est capable de l'impossible.

Gagnant-gagnant avec Bruxelles

Une entreprise en difficulté prêtera une attention particulière à la perception que génère son projet de retournement auprès de plusieurs types d'experts : les experts industriels, qui publient régulièrement des notes portant sur la conjoncture du secteur, la vie des sociétés, le lancement de produits nouveaux, les carnets de commandes, l'attribution de contrats, l'utilisation des capacités de production, etc. ; les analystes financiers, qui scrutent l'évolution de la rentabilité sectorielle, la tendance des prix et des marges, et les résultats financiers des principaux concurrents ; et, enfin, les agences de notation, qui attribuent une note aux entreprises et à leurs papiers financiers (obligations, dettes, etc.). De bonnes évaluations par les experts rassurent les fournisseurs et les clients et abaissent le coût des concours financiers, indispensables pour les opérations courantes et les investissements de l'entreprise. Mais une entreprise évoluera en toute indépendance et son retournement ne dépendra majoritairement que d'elle-même.

Au contraire, pour un État comme la France, l'évolution économique (croissance, balance commerciale, chômage, budget et déficit, dette, etc.) est nettement plus dépendante de facteurs exogènes. Car, au-delà de ses propres décisions, elle est fortement influencée par les évolutions de deux communautés européennes : l'Union européenne (des 28 États membres) et l'Union économique et monétaire, la zone euro, (qui compte 19 États actuellement mais est susceptible de s'élargir).

Suite à la crise grecque, et se rendant compte qu'une monnaie unique sans coordination des politiques économiques n'était évidemment plus possible, l'Union économique et monétaire s'est dotée de règles permettant de mieux coordonner les politiques économiques des différents pays. Ainsi, en 2012, le traité sur la stabilité, la coordination et la gouvernance (TSCG), signé par Nicolas Sarkozy et ratifié par François Hollande, oblige chaque pays à transmettre son budget annuel – pour examen – à Bruxelles. Ensuite, en préconisant notamment que chaque pays dont le niveau d'endettement dépasse 60% du PIB s'engage à mettre en place des réformes permettant de réduire ses déficits budgétaires dans la limite des 3% du PIB, dans un premier temps, puis, grâce à un excédent budgétaire, de réduire son niveau d'endettement. Compte tenu de l'obligation de faire également redémarrer la croissance au sein de l'Union européenne, les marqueurs de 3% et de 60% ou, au moins, les échéances sont probablement à revoir. Et l'analyse des budgets et déficits par la Commission deviendra plus différenciée : en distinguant investissements et dépenses de fonctionnement, en tenant compte de la situation économique du pays et en mesurant ses performances en matière d'implémentation réelle des réformes annoncées.

L'endettement de la France dépassant actuellement 95% du PIB, elle s'est engagée devant la Commission, et avec un calendrier précis, à ramener son déficit budgétaire à 3% du PIB, puis à viser un équilibre permettant de commencer à réduire son taux d'endettement. Or, aucun des objectifs annuels de réduction des déficits budgétaires et du calendrier négociés n'a, jusqu'ici, été tenu ; et trois reports successifs ont déjà été demandés à Bruxelles. En 2011 et en 2013, la France a, en effet, demandé et obtenu les délais qu'elle réclamait pour respecter la règle des 3%. Après le dérapage constaté dans le budget de 2015 (reportant, par ailleurs, l'atteinte des 3% à 2017), la Commission a accepté un nouveau report, à condition que la France décide et, surtout, mette effectivement en œuvre des réformes plus conséquentes.

Plus surprenant, à la différence de l'Italie, assumant pleinement son obligation de collaboration avec Bruxelles, la France, par une déclaration d'incapacité, voire un refus de respecter les accords communautaires, fait le pari de l'impossibilité de sanctions contre elle, ce qui s'apparente, pour le moins, à un jeu dangereux...

Avec le « *quantitative easing* » et le plan Juncker de 320 millions d'euros d'investissements dans les infrastructures européennes, l'Europe a commencé, probablement de façon encore insuffisante, à tenter de relancer la croissance. L'affaiblissement de l'euro, la baisse du coût de l'énergie et le maintien des taux d'intérêt à leur niveau très bas constituent également un soutien de taille. Mais ce n'est qu'une intégration économique supplémentaire – intégration des Banques nationales et des banques publiques d'investissement, convergence des politiques fiscales et sociales, en commençant par la convergence entre la France et l'Allemagne –, qui permettra de renforcer la cohésion et la solidité de l'Europe économique.

Avec deux problèmes importants qu'il faudra résoudre : comment, au sein d'une union monétaire ne permettant pas d'ajuster des monnaies nationales en fonction des performances économiques d'un pays, tenir compte des écarts importants entre les performances nationales ? À quand le choix, à la tête de l'Europe et d'un Conseil et d'une Commission réunis, d'un leader (peut-être même élu au suffrage universel) au charisme d'un Gerhard Schröder, Tony Blair ou... même d'un Nicolas Sarkozy, nettement plus emblématique mais également plus difficile à « contrôler » par les différents chefs d'État des pays membres ?

Rien sans les médias

Quand, en allumant la télévision, la radio ou en ouvrant la presse écrite, une entreprise, lors du lancement de son retournement, se voit au centre de l'intérêt des médias, sa situation devient compliquée. Généralement associée à des messages critiques, voire négatifs, et des analyses révélant plutôt les désaccords entre parties prenantes (généralement les employés ou les syndicats et la Direction), sa marge de manœuvre se rétrécit considérablement. Plutôt régler les difficultés au sein même de l'entreprise que sur la place publique, où chacun des acteurs désormais se sentirait obligé de défendre ses positions et de rester fidèle à sa « posture ». Et si, par malchance, l'entreprise est choisie par les syndicats ou les pouvoirs publics pour faire un exemple, les possibilités de déboucher rapidement sur un accord équitable et satisfaisant retombent à zéro.

J'ai eu de la chance (car il faut aussi un peu de cela dans les opérations difficiles...) : presque à chaque fois, quand j'ai été contraint d'annoncer une réduction des effectifs dans une entreprise, des événements plus importants se sont produits quelque part, ailleurs dans le monde ou en France, et je ne me suis jamais retrouvé en première ligne au journal télévisé de 20 heures. Puis, j'ai généralement pu convaincre mes interlocuteurs syndicaux qu'il valait mieux tenter d'abord de résoudre nos problèmes entre nous plutôt que de les porter immédiatement sur la place publique.

Il en est, en principe, autrement pour un dirigeant politique national. Pour mener à bien ses réformes, il a besoin d'une large couverture par les médias et du soutien très actif d'au moins une partie d'entre eux. Or, force est de constater qu'actuellement les médias accordent une audience très (trop) large aux problèmes, aux différends et, surtout, aux scandales. Incontestablement, ils contribuent ainsi au pessimisme ambiant des Français et à la détérioration de l'image de l'ensemble de la classe politique.

Quel que soit le candidat qui accédera à la magistrature suprême, le prochain Président de la République aura besoin de l'appui d'une partie des médias, qui auront alors accepté de multiplier les témoignages de « la France qui gagne », de véhiculer des messages positifs et d'en faire une « cause nationale ». Ainsi le spot publicitaire diffusé à l'hiver 2014-2015 par TF1 « partageons les ondes positives » est tout à fait remarquable, mais mériterait de s'affirmer comme une ligne conductrice pour les contenus informatifs diffusés quotidiennement.

Sans copier les Américains qui pratiquent, même dans la difficulté, un optimisme à toute épreuve, (ce qui explique, au moins pour partie, leur capacité unique à rebondir), la mise en vedette d'entreprises, d'hommes et de femmes qui réussissent, l'explication positive des changements envisagés et de leur contenu équitable, des exemples de réussite étrangers dont on peut s'inspirer tout en les adaptant à la France, méritent de faire la « une » plutôt que les différends entre dirigeants appartenant à la même famille politique - souvent suggérés même là où ils n'existent pas - ou les blocages orchestrés par les destinataires de telle ou telle réforme.

En Allemagne, Gerhard Schröder n'aurait pas réussi à faire passer ses réformes sans la mise en avant convaincante du problème du « Standort Deutschland » (l'attractivité menacée, si rien n'était entrepris, de la place de l'Allemagne sur la scène internationale) par les médias, et Angela Merkel n'aurait pas pu se positionner en « Mutti », figure maternelle et chaleureuse, sans une couverture médiatique positive et abondante (par exemple, lorsqu'elle se transforme en « fan » et accompagnatrice régulière de l'équipe de football allemande).

Un bouleversement dans le paysage médiatique classique pourrait également émerger du net. Une discussion autour d'un vrai projet pour la France, quoique risquée pour le politique en termes d'adhésion des internautes et de commentaires difficilement maîtrisables, s'adressant davantage aux jeunes générations, permettrait un vrai débat et pourrait nourrir le projet là où cela serait nécessaire.

Communiquer, communiquer, communiquer...

En simplifiant à peine, on peut considérer que le redressement d'une entreprise en difficulté dépend à plus de 80% de deux éléments : d'une multitude de « petits succès » rapides, au début du retournement, installant une dynamique positive et transformant le cercle vicieux en spirale vertueuse ; et d'une communication positive, intensive, permanente, pédagogique, interne et externe. Grâce à des rencontres avec l'ensemble du personnel en réunion publique, dans un hall de l'usine ou ailleurs, avec un dirigeant allant régulièrement sur le terrain, des réunions régulières avec les membres du comité d'entreprise, des interviews avec des journalistes de la presse locale (lues également par les familles des employés pendant le week-end...), des rencontres avec les analystes spécialisés, susceptibles de changer d'avis sur la pérennité de l'entreprise, ainsi que des journalistes économiques et financiers, il s'agit de sur-communiquer et de diffuser généreusement les bonnes nouvelles et les (légers) dépassements des objectifs affichés.

Par ce style factuel, au triomphe modeste mais convaincu et convaincant, clients, fournisseurs, actionnaires, collaborateurs et même concurrents seront ainsi associés au retournement en marche.

En ce qui concerne la France et les hommes politiques, compte tenu des expériences récentes - promesses électorales déconnectées des mesures prises après l'élection, anticipation erronée d'évolutions possibles et objectifs non tenus, toute communication politique sera désormais accueillie avec scepticisme et incrédulité. Et la volonté de « parler vrai », de « dire la vérité aux Français », risque de ne pas suffire pour restaurer la légitimité de la parole publique et être entendu.

Comment alors désarmer les inquiétudes et emporter les hésitants ? Le retour de la confiance sera long et passera par plusieurs étapes : tout d'abord, la présentation d'un cap et d'une vision globale pour la France, avec un projet d'ensemble sinon de société, du moins de redressement économique, vraiment susceptible de résoudre les problèmes actuels à court et moyen termes.

Puis l'affichage d'une stratégie et de mesures qui, en cas de victoire électorale, seront rapidement engagées en particulier au cours des 100 premiers jours.

Mais, avant même que les mesures ne soient lancées, il faudra surtout déployer une pédagogie adaptée à chaque public ciblé par la réforme qui ne dissimule pas les sacrifices mais montre davantage les gains attendus et accompagne étape après étape la mise en œuvre.

Puis, par la communication régulière, y compris par chaque acteur politique, des avancées enregistrées et, surtout, des premiers résultats positifs obtenus. Le tout en pratiquant un style approprié : modeste, professionnel et loin de tout « électoralisme ». Que faire face aux oppositions prévisibles ? Essayer toujours de convaincre patiemment, ne jamais s'énerver, prendre, si nécessaire, l'opinion publique à témoin et garder constamment l'initiative par rapport aux médias tout en adaptant son rythme aux obstacles et en restant souple.

Corriger son image

Même en communiquant intensément et avec un traitement bienveillant des médias, réparer un problème d'image, qui résulte souvent d'un événement ponctuel et mal maîtrisé et qui est resté ancré dans la mémoire de l'opinion publique, est lent et coûteux.

Ayant travaillé, dans les années 1980, pour une marque d'automobiles, dont les véhicules étaient réputés pour rouiller rapidement, et une autre, dont la finition était réputée défaillante... ayant, à un autre moment, lors des émeutes dans les banlieues parisiennes, vécu les répercussions des images filmées sur le tourisme en France ou, plus récemment, ayant suivi les problèmes du lait chinois sur les consommateurs locaux– reconstruire une image s'inscrit souvent dans un temps très long.

Avec une communication quasi-instantanée partout dans le monde, l'explosion des réseaux sociaux qui s'emparent immédiatement de tous les sujets, et la tendance générale des reportages à se focaliser sur les images les plus cruelles... le « récepteur » se construit rapidement une image déformée mais qui peut rester longtemps préjudiciable. D'où les efforts et les budgets très importants dépensés par Nestlé suite au problème rencontré par l'eau Perrier aux États-Unis, de Total suite à l'explosion de l'usine AZF à Toulouse, etc.

Des mesures, comme celle prises par François Hollande sur la tranche d'impôt à 75%, des commentaires comme ceux d'Arnaud Montebourg à l'encontre des patrons de grands groupes français, américains ou indiens créent des dommages que nos politiques sont souvent loin d'imaginer, et avant d'agir ainsi, il serait souhaitable de bien peser l'impact médiatique désastreux, ainsi que le temps et les budgets importants qu'il faudra ensuite consacrer à leur réparation.

Alors comment « combattre » les clichés des Allemands, convaincus qu'il fait bon vivre en France mais que les Français ne « ne travaillent pas assez », « sont sympathiques mais moins sérieux », vivent dans une ambiance « club Med » généralisée, ou les convictions des Américains pour qui les Français sont « les rois de la grève » et, qu'en cas de difficulté, les licenciements en France sont « impossibles » ?

Tout d'abord, en renonçant à nager à tout prix à contre-courant en tentant de démentir tout cela. Puis en substituant à la dénégation tout le poids de la communication autour des (contre) parties positives : la voiture qui rouillait était, malgré tout, très appréciée pour son moteur « vroum, vroum »... et plutôt que de communiquer autour d'une sécurité en France qui était, malgré tout, tout à fait assurée, montrer un Tour de France, un championnat du monde ou un festival de Cannes qui se déroulent sans le moindre encombre.

C'est donc sur les aspects les plus séduisants qu'il faut insister en permanence : vis-à-vis des Allemands, sur le fait que la France construit et exporte avec succès des produits technologiques de pointe et peut prendre le leadership dans des développements communs, tels Airbus ; que les start-up françaises dans les nouvelles technologies valent largement celles de leurs collègues allemands. Et, vis-à-vis des Américains, que des accords sociaux exemplaires, y compris pour améliorer la compétitivité, comme ceux conclus chez Renault, sont possibles en France.

Dépasser les attentes

Dans le cadre d'un retournement d'entreprise, le projet qui aura été élaboré par le dirigeant et son équipe, accepté par les actionnaires et communiqué à l'ensemble des collaborateurs et aux médias, comprendra obligatoirement de nombreux objectifs chiffrés. Atteindre ces objectifs constitue généralement un engagement formel et non-modifiable du dirigeant qui, en fonction des circonstances, a la possibilité de modifier le contenu et le choix des moyens, mais sans jamais remettre en question les objectifs eux-mêmes. Des réunions, permettant de faire le point sur les progrès accomplis, témoigneront de l'adaptation des mesures à un contexte qui, par définition, évolue, mais prouveront aussi que l'atteinte des objectifs reste à tout moment plausible.

La véritable difficulté consiste à fixer, à négocier et à faire accepter au départ (car c'est le seul moment, où un débat est possible...), « sous la pression », des objectifs ambitieux mais atteignables. Car une fois les objectifs arrêtés et les opérations lancées, la capacité à atteinte les résultats prévus déterminera le niveau de crédibilité et de confiance, tant pour le patron que pour tous les détenteurs d'objectifs spécifiques à tous les échelons de l'entreprise.

L'expérience vécue incite à prendre quelques précautions : veiller à ce que la somme des objectifs partiels dépasse l'objectif global (permettant ainsi de compenser quelques mauvaises surprises inévitables) ; essayer, dans un calendrier mensuel ou trimestriel arrêté, de prendre, dès le départ, un peu d'avance plutôt que d'être tout de suite en retard ; et, enfin, en cas de bonnes surprises, en garder toujours un peu « sous le pied » pour les moments plus difficiles qui ne tarderont pas à apparaître.

Malheureusement la pratique du gouvernement actuel et du Président de la République, tant pour les annonces sur le chômage que sur la croissance, son optimisme de circonstance là où les résultats n'ont jamais atteint les annonces, se situent à l'opposé des méthodes préconisées

– avec toutes les conséquences induites sur la perte de crédibilité et de confiance qui en découlent.

Et pourtant, plusieurs légers dépassements des objectifs fixés, communiqués en temps réel, entraînent rapidement une sérénité étonnante de tous les acteurs et contribuent fortement à la dynamique du retournement.

Un impératif absolu : l'exemplarité

Sans ignorer que toute une série de décisions n'a qu'une importance très limitée sur les résultats d'une entreprise... un patron, conscient de cela et observé en permanence par ses collaborateurs, qui interprètent et amplifient ses paroles et ses actes, tentera de se servir d'un certain nombre de symboles et d'adopter un comportement exemplaire. En privilégiant une orientation client excessive et une rigueur exemplaire en matière de qualité des produits ou des services vendus, en s'inscrivant dans une forte proximité avec le terrain, en pratiquant un accès facile et une « porte toujours ouverte », lors de réunions régulières avec les collaborateurs, les représentants du personnel et les salariés à « haut-potentiel », et en utilisant quelques symboles bien choisis pour influencer la culture de l'entreprise – surtout s'il s'agit d'une entreprise en retournement : agencement fonctionnel mais assez spartiate des bureaux, ambiance simple mais conviviale de la cantine, modestie en matière de voitures de fonction, de frais de déplacement, etc.

Au niveau des dirigeants politiques, l'exemplarité porte, pour partie, sur des domaines différents, mais est plus importante encore : militer pour la sécurité routière et se faire conduire à 160km/heure est délicat ; promouvoir la lutte contre la fraude fiscale et ne pas être en règle avec son centre des impôts est désastreux ; militer pour le « made in France » et s'afficher dans des vêtements et accessoires fabriqués en Asie porte atteinte à la crédibilité. Les exigences augmentent à l'égard de tous les représentants du peuple d'autant que certains s'érigent en donneurs de leçons.

Avancer le droit à la séparation entre la vie privée et la vie publique n'est ni réaliste, ni totalement acceptable lorsque l'on exerce de hautes fonctions. Mieux vaut ériger l'exemplarité en principe et suspendre certains comportements pouvant prêter à confusion le temps du mandat, en admettant que certains mandats sont plus exigeants que d'autres.

La découverte, *a posteriori*, de situations répréhensibles et leur exploitation médiatique en « scandales d'État » se révèlent particulièrement calamiteuses.

Car, comme pour le patron d'une entreprise en retournement, il est préférable que, pour pouvoir se concentrer à 100% sur sa tâche difficile, le dirigeant politique n'ait pas à résoudre en même temps de nombreux problèmes personnels. Un homme politique ne peut réussir des réformes difficiles si, par ailleurs, il est rattrapé par des « affaires ».

Un autre phénomène touche à l'exemplarité : plus la situation du pays est difficile, plus les revendications de l'opinion portent sur des mesures exemplaires, mais dont l'impact réel sur les économies de l'État est extrêmement faible. Il en est ainsi de la demande de « réduction du nombre de députés » ou de celle de faire baisser leurs rémunérations et avantages en nature. Il serait normal que les dirigeants politiques s'imposent à eux-mêmes bien plus que ce qu'ils demandent à leurs concitoyens.

C'est en acceptant d'agir dans des domaines qui, symboliquement, montrent que le dirigeant politique a compris le message, que les Français retrouveront le goût et l'estime de la politique. Et, peut-être, qu'un jour, la France sera dirigée par un Président qui mènera, au moins le temps de son mandat, une vie familiale heureuse, avec femme et enfants ?

Persévérance et adaptation

La seule chose absolument certaine est que l'avenir sera toujours différent de ce qui a été prévu initialement. Conscient de cette maxime, le dirigeant d'entreprise responsable d'un plan de retournement sait qu'il devra faire preuve de deux qualités : une grande persévérance dans la mise en œuvre des changements décidés et ceci, bien des fois, contre tous les « bons conseils » essayant de l'en dissuader… mais également une rapide capacité d'adaptation pour les cas où les hypothèses initiales auraient fondamentalement changées, où les mesures prises n'entraîneraient pas les résultats escomptés ou, simplement, où une décision s'avérerait mauvaise. Gérer, c'est prévoir et donc concevoir des réponses possibles à différents types d'obstacles pouvant potentiellement se présenter. Et si, dans le cadre d'un projet spécifique, on se rend compte qu'absolument rien ne marche, plutôt que de s'obstiner, mieux vaut admettre l'échec et employer son énergie à bâtir un nouveau projet.

À l'échelle de la France, le dirigeant politique idéal se sentira investi d'une mission historique à long terme, tracera son chemin imperturbablement avec détermination et intégrité, avec l'intérêt de la nation pour seul guide. Il ne se laissera dévier ni par des sondages, ni par des groupes de pression - toujours à condition de mettre précisément en œuvre ce qu'il a annoncé dans son programme, pour lequel a été élu. Et, dans le cas d'éléments nouveaux ou de résistances très importantes ?

À la suite de l'accident nucléaire de Fukushima, tsunami provoqué par un tremblement de terre, la Chancelière Merkel, en Allemagne, a fait un demi-tour abrupt dans la politique énergétique - en décidant de sortir totalement du nucléaire après avoir fait le choix inverse, peu de temps avant. Elle a alors entraîné l'Allemagne dans une transition énergétique très coûteuse, tant pour l'industrie - très consommatrice d'énergie et sensible à son prix de revient - que pour le consommateur. Avec, pour conséquence le retour temporaire à des centrales fonctionnant au charbon, très nuisibles pour l'environnement.

Pourquoi ? Probablement parce qu'à ce moment précis, plus de 80% de la population soutenaient un abandon immédiat du nucléaire.

Dans une telle situation, un dirigeant politique, élu par le peuple, doit réviser ses choix, si une majorité aussi importante le pousse à le faire, quitte à soumettre son revirement, avant sa décision, à l'épreuve d'un référendum. La modification et même le retrait, partiel ou total, d'un projet reste donc possible, surtout après un référendum, mais sera l'exception et ne conduira certainement pas à envisager la démission du responsable à chaque fois que certains s'y opposent, si bruyants soient-ils.

Un cas d'école : faire baisser le chômage

Avec un taux de chômage dépassant 10% de la population active, des taux nettement plus importants parmi les jeunes et les actifs de plus de 50 ans et des promesses de « décrue » répétées par le Président de la République mais non tenues, il est désormais difficile d'envisager la réussite de réformes importantes en France, sans avoir apporté une réponse convaincante à la réduction du chômage.

Ce chapitre, nourri par ma participation à plusieurs groupes de réflexion sur le sujet, a un double objectif : mettre en application une partie des recommandations de cet essai sur la forme du « comment réformer ». Mais également (et sur ce point, il constitue l'unique chapitre de cet essai à le faire), à prendre position sur les mesures à engager sur le fond pour faire reculer rapidement et durablement le chômage de masse.

Nombreuses sont les voix qui, en l'absence d'une croissance significative de l'économie (en général, le chiffre avancé est une croissance proche de 2%), considèrent qu'un mouvement important de création d'emplois est impossible. En effet, compte tenu des réserves de main-d'œuvre non ou sous-utilisées existant dans chaque entité privée ou publique, et d'une amélioration de la productivité générale annuelle qu'on peut estimer à environ 1% (liée à une modernisation des équipements, au progrès électronique et informatique et à une meilleure organisation du travail), on ne peut pas compter actuellement sur le développement global des activités. La croissance de l'économie française restera faible et, quoi qu'il advienne, bien en-dessous des 2% nécessaires. Par contre, même avec une croissance entre 0,5% ou 1%, les transferts d'activité, à savoir des activités qui, d'un côté, se contractent ou disparaissent et qui, de l'autre, se créent et se développent, restent nombreux. On peut estimer à plus de neuf millions de nouveaux contrats de travail par an cette migration permanente, presque plus importante en période de crise qu'en période « normale »[1].

Nombreuses sont les voix qui, déplorant la baisse de la compétitivité française - surtout sur le plan industriel -, considèrent que sans une amélioration de cette compétitivité, les créations d'emplois sont impossibles. Là aussi, il est exact qu'une meilleure compétitivité des produits « made in France », conduisant à une embellie des exportations, mais aussi le choix des consommateurs sur le marché intérieur d'acheter français, créerait davantage de croissance et, par conséquent, davantage d'emplois.

Mais l'amélioration de la compétitivité du secteur industriel ou des services, certainement souhaitable et peut-être, au moins temporairement, aidée par une baisse du coût de l'énergie, de la valeur de l'euro et des taux d'intérêt très bas, nécessitera au moins une dizaine d'années et ne produira donc pas d'embellie sur le marché du travail avant longtemps.

Donc point de salut, au moins à court terme, ni de la croissance de l'économie française, ni d'un regain de compétitivité... Et pourtant, comme cela va être démontré dans un instant, grâce à des réformes courageuses et « révolutionnaires » dans quelques domaines seulement, et sans compter sur plus qu'une croissance « molle » et une amélioration lente et progressive de la compétitivité à l'international (où l'Italie et l'Espagne sont en train de nous montrer la voie...), la France doit être capable de créer entre 1,5 et 2,5 millions d'emplois sur une période de trois à cinq ans.

Nous resterons fidèles à la méthodologie préconisée plus haut qui consiste à réunir, dans un premier temps, puis à dresser une liste très longue de propositions de tous bords pour réduire le chômage.

Ensuite, de les positionner toutes sur notre grille et de les évaluer en termes de potentiel de création d'emplois, de difficultés de mise en œuvre, de délais et de résistances probables.

Enfin, de sélectionner les quelques mesures prioritaires préconisées, soit à cause de leur impact fort et de leur difficulté moyenne, soit à cause de leur impact moyen ou faible mais pour la grande facilité à les mettre en œuvre : ce travail a été réalisé en collaboration avec Bertrand Martinot, auteur du livre *Chômage : inverser la courbe*[2].

1 Données provisoires de l'Acoss et de la banque des Urssaf : 2.961.000 de CDI signés contre 6,85 millions de CDD signés en 2014, *Les Échos*, 22 janvier 2015.

2 Bertrand Martinot, *Chômage : inverser la courbe*, Manitoba/Les Belles Lettres, octobre 2013.

Nous avons identifié 21 mesures actuellement en discussion :

1) Faciliter et sécuriser les ruptures de CDI (indemnités en cas de contentieux, encadrement du motif de licenciement)
2) Créer un « CDD de projet ».
3) Créer un Contrat de travail unique (en remplacement du CDI et du CDD), avec une période d'essai rallongée et des droits progressifs en fonction de l'ancienneté.
4) Bloc dialogue social dans l'entreprise I : seuils, fusion des instances, diminution du nombre d'obligation de réunions, etc.
5) Bloc dialogue social dans l'entreprise II : possibilité de négocier de manière dérogatoire sur tous sujets (ex : durée du travail), sauf pour les principes fondamentaux du droit du travail déterminés par la loi.
6) Assurance chômage : limiter la durée maximale des allocations chômage (la faire dépendre du niveau général du chômage) et plafonner le montant des allocations chômage de manière à inciter davantage à la reprise d'emploi.
7) Réformer l'accompagnement de la recherche d'emploi pour la rendre plus effective et plus personnalisée.
8) Moduler les cotisations employeur d'assurance chômage en fonction du coût des ruptures de contrat passées pour l'assurance chômage (mécanisme de type *expérience rating* aux États-Unis).
9) Réformer l'administration territoriale de la politique de l'emploi (mettre Pôle emploi au centre).
10) Relancer l'apprentissage aux niveaux bac et infra-bac (image plus attrayante, réforme du collège et de l'orientation, guichet unique du service public de l'emploi, simplification de l'embauche...).
11) Créer un dispositif de type « mini-job » pour les chômeurs sur le modèle du chèque emploi service (simplicité à l'embauche, droit du travail allégé, pas ou peu de charges).
12) Réformer les professions réglementées (loi Macron, etc.).
13) Ouvrir la fonction publique (et plus généralement de tous les statuts publics) et embaucher la majorité des agents publics sur des contrats de travail de droit commun.
14) Geler le SMIC pendant plusieurs années.
15) Créer un SMIC jeunes modulé : différenciation en fonction de l'âge et de l'expérience ; moindre coût pour l'entreprise avec complément issu du budget de la formation professionnelle.

16) Relancer le marché du BTP et des services à la personne : nouvelle baisse de la TVA, incitations fiscales sans conditions de ressources, etc.
17) Réformer le financement de la formation professionnelle en attribuant davantage de droits aux salariés peu qualifiés et aux chômeurs.
18) Assouplir les règles d'ouverture des magasins le dimanche.
19) Diminuer fortement le nombre d'emplois vacants en instaurant un service spécial « chasseur de têtes » à Pôle Emploi et une prime à la mobilité professionnelle et géographique.
20) Permettre temporairement la déduction fiscale à 100% de tous les investissements directs dans les PME/TPE (avec plafond).
21) Accorder une rémunération ou une déduction fiscale aux personnes ayant justifié de « travaux d'utilité pour le foyer » : garde de personnes dépendantes, travaux d'amélioration du domicile, etc.

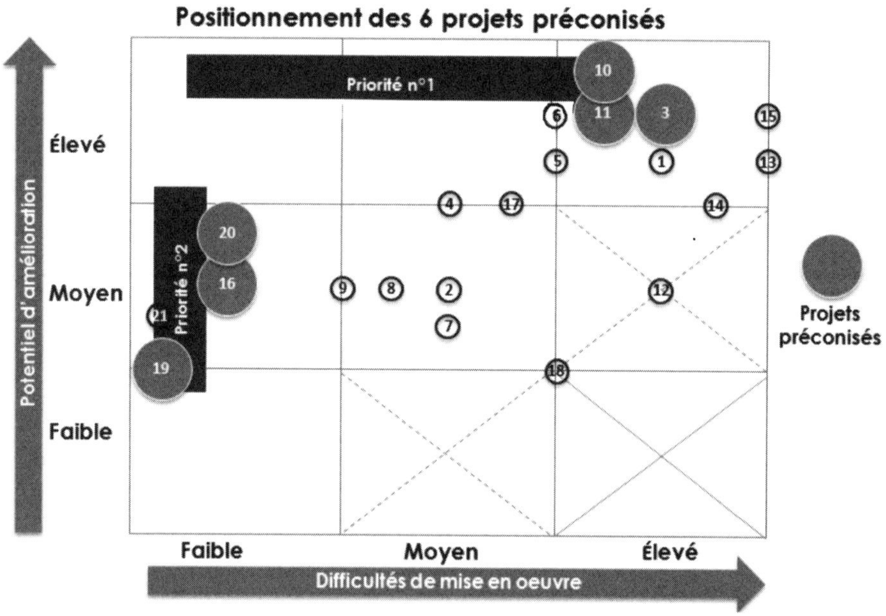

Fidèle à notre approche consistant à sélectionner quelques mesures « faciles », à impact limité, et quelques mesures à fort impact, mais plus difficiles et plus longues à mettre en œuvre, nous préconisons donc de se concentrer, dans un premier temps, sur six projets phares (et de reporter à plus tard toutes les autres mesures possibles) :

Projet n° 1 (mesure n° 19) :

Pourvoir une grande partie des postes actuellement disponibles au niveau de Pôle Emploi.

Projet n° 2 (mesure n° 16) :

Relancer les industries du bâtiment et des services à la personne.

Projet n° 3 (mesure n° 20) :

Permettre temporairement la déduction fiscale à 100% des investissements directs dans les PME/TPE.

Projet n° 4 (mesure n° 10) :

Relancer l'apprentissage.

Projet n° 5 (mesure n° 11) :

Créer un dispositif de mini-jobs pour les chômeurs et les primo demandeurs d'emploi.

Projet n° 6 (mesure n° 3) :

Créer un contrat de travail unique (CTU)

Chacun de ces six projets est présenté par la suite sous une forme identique :

Intérêt de la réforme, objectif, principales mesures à engager, résistances attendues et délais approximatifs de mise en œuvre.

Projet n° 1 :

pourvoir une grande partie des postes actuellement disponibles au niveau de Pôle Emploi

Intérêt de la réforme

Pôle Emploi recense, actuellement et depuis longtemps, approximativement 400 000 postes non pourvus. Ce chiffre est resté relativement stable au cours des derniers 24 mois, mais a connu des entrées et sorties assez importantes. Selon les informations de Pôle Emploi 126 000 postes sortis sont liés à la satisfaction de la demande et 284 000 postes à la disparition pure et simple de la demande[1]. Selon la Fabrique de l'Industrie, entre 300 000 et 500 000 postes n'ont pas été pourvus en France en 2011, souvent faute de candidatures qualifiées.

Objectif

Pouvoir 150 000 à 200 000 des 400 000 postes actuellement disponibles à Pôle Emploi.

Principales mesures

« Renverser » l'approche de Pôle Emploi : « trouver des candidats pour des postes plutôt que des postes pour des gens » au sein d'un service spécial géré avec une approche de « chasseur de têtes ».

Encourager et soutenir fortement financièrement (3 mois de salaire ?) la mobilité des personnes prêtes à considérer un poste disponible qui entraînerait un changement de profession ou de lieu de travail (comme le fait une entreprise cherchant à faire migrer des collaborateurs vers un service ou un site nouveau). Organiser un voyage de découverte, avec accueil personnalisé, prise en charge du déménagement, versement d'une prime de formation, versement d'une prime de reclassement définitif au bout de deux ans d'ancienneté dans le nouveau poste.

Résistances attendues

Aucune.

Délais

Lancement immédiat.

Immédiat : 50 000 postes au bout de 6 mois (motivation des agents Pôle Emploi ?), 100 000 à 150 000 postes au bout de 12 mois.

1 Pôle Emploi, « Des offres d'emploi difficiles à satisfaire », *Éclairages et Synthèses* n°6, septembre 2014 et Hadrien Clouet, « Emplois non pourvus : les chiffres et les mythes », *Le Monde*, 4 septembre 2014.

Projet n°2 :

relancer les industries du bâtiment et des services à la personne

Intérêt de la réforme

Le manque de logements en France et la baisse dramatique des mises en chantier, les besoins écologiques, d'économies d'énergie et d'embellissement des constructions existantes, donnent un potentiel d'activité presque « illimité » pour les entreprises du bâtiment ; avec au moins 200 000 embauches à la clé. Les besoins de services à la personne (dépendance, aide-ménagère, formation, réparation et entretien, etc.) offrent également un potentiel d'emplois d'au moins 200 000 personnes. Dans les deux cas, la récente hausse du taux de la TVA, intervenue en début de mandat présidentiel, a fait disparaître beaucoup d'emplois et, couplée à un chômage important et en progression, a fait redécoller fortement le travail au noir.

Objectif

Créer entre 100 000 et 200 000 postes dans chacune des deux activités, soit 200 000 à 400 000 emplois.

Principales mesures

Abaisser de façon importante (en dessous du taux antérieur ?) le taux de TVA, quitte à annoncer dès le départ une hausse partielle et progressive. Augmenter les déductions fiscales possibles, sans conditions de ressources. Accélérer les permis de construire, « accordés » automatiquement par l'administration après x mois de non-réponse à la demande.

Résistances attendues

Taux de TVA à négocier avec Bruxelles. Suppression des conditions de ressources pour bénéficier des mesures (ceci n'est pas une mesure d'aide sociale mais de relance de l'activité par ceux qui en ont les moyens !).

Délais

3 à 6 mois pour baisse de la TVA et un changement de règles fiscales (loi de finances rectificative).

Projet n° 3 :

permettre temporairement la déduction fiscale à 100% des investissements directs dans les PME-TPE

Intérêt de la réforme

Depuis déjà plusieurs années, l'investissement, par des particuliers dans les PME/TPE, donne droit à des abattements sur l'impôt sur le revenu et l'impôt sur la fortune. Malheureusement le pourcentage pris en compte a fait l'objet de réductions régulières avec, actuellement, un taux de seulement 16% au niveau de l'IR et 50% au niveau de l'ISF. Par contre sont éligibles les investissements, soit directs, soit indirects, par le biais d'un fonds d'investissement ciblé PME-TPE.

Puisque la grande majorité des experts affirment que ce n'est qu'au niveau des PME-TPE que l'on peut espérer une création nette d'emplois[1] – les grands groupes, entre les rationalisations et les délocalisations arrivant au mieux à maintenir leur niveau d'emplois existant – toute incitation à la création et au développement des PME-TPE, entreprises poursuivant par définition un projet « à risques » sera favorable à l'emploi. Et, malgré les freins existants à l'embauche par ailleurs (seuils, difficultés de licenciement en cas d'échec, incertitude juridique, etc.), une PME-TPE est, à certains moments, obligée de renforcer ses effectifs.

Objectif

Augmenter sensiblement le nombre de PME-TPE, faciliter le développement des activités « viables » et créer, par ce biais, 100 000 à 200 000 emplois supplémentaires.

Principales mesures

Autoriser l'imputation de 100% des investissements dans les PME/TPE en déduction de l'impôt sur le revenu ou l'impôt sur la fortune. Relever le plafond par foyer fiscal pour la prise en compte au niveau de la déclaration fiscale.

Résistances attendues

Aucune.

Délais

6 mois (loi de finances rectificative).

1 Voir aussi Axel Rückert, « Créer des emplois ? Commencer par débloquer les TPE et les PME », *Le Figaro*, 10 juin 2012.

Projet n° 4 :

relancer l'apprentissage

Intérêt de la réforme

Malgré les annonces du Président et les « mesurettes » prises (avec, en plus, certaines réductions financières contre-productives), le nombre de contrats d'apprentissage et de formation a baissé et est resté très loin des objectifs annoncés. Contrairement à une conviction très répandue, selon laquelle une carrière professionnelle est avant tout dépendante de l'obtention du BAC et d'études secondaires (longues), cette voie de succès ne devrait être qu'une voie parmi d'autres et s'adresser aux élèves disposant d'une intelligence analytique par rapport à des élèves plus orientés vers une intelligence plus pratique et souhaitant rapidement entrer dans la vie professionnelle. Pour ces derniers, l'apprentissage, avec ou sans BAC, voire avec une professionnalisation en alternance plus tard dans leur vie active, devrait bénéficier d'une revalorisation d'image et d'un changement des mentalités important. Cette modification, longue à produire ses effets, passera obligatoirement par une transformation radicale du système scolaire et une évolution du corps enseignant et des conseillers d'orientation – en commençant par les grandes écoles et les élites (à quand le premier apprenti accédant à un poste de PDG ou de membre du Comité de direction d'une entreprise appartenant au CAC 40 ? – perspective tout à fait envisageable en Allemagne...). La responsabilité et le rôle des médias dans la revalorisation de l'apprentissage sera primordiale, comme le sera la contribution de « leaders d'opinion », adorés et pris en exemple par les jeunes (sportifs, chanteurs, etc.) et des réseaux sociaux. L'insertion des jeunes, perdus quant à leur orientation professionnelle et, encore plus, de ceux qui sont actuellement en échec scolaire, est à ce prix-là.

Objectif

Créer 500 000 contrats d'apprentissage supplémentaires par an dans les trois ans.

Principales mesures

En plus de toutes les mesures de marketing et de communication contribuant à rendre l'apprentissage plus attrayant, trois changements fondamentaux permettraient une vraie percée du projet.

Tout d'abord, installer progressivement une obligation de formation pour tous les jeunes, dans le cadre d'un programme « aucun jeune sans formation », avec une très forte orientation vers les métiers de la nouvelle économie, les services à la personne et les travaux d'utilité publique – pourquoi pas, au moins en partie, au travers du service civique. Puis, remplacer par un « guichet unique », disposant d'un site internet unique, probablement à rattacher à Pôle Emploi, tous les intervenants actuels au niveau national (Éducation nationale, Ministères, etc.), régional et local.

Et, diriger une partie importante des fonds actuellement collectés pour la formation directement sur ce dispositif, en partie pour pouvoir verser un complément à la rémunération d'apprenti, en Allemagne très en dessous d'un SMIC. Enfin, centrer l'administration du système sur la relation directe entre l'entreprise (et les patrons des très nombreuses PME-TPE, garants du succès du projet) et l'apprenti : contenu de l'apprentissage, encadrement, rémunération, proposition d'un poste en fin de formation. Prévoir un système de déclaration et un dispositif financier des subsides extrêmement simple (avec la déclaration URSSAF, etc.).

Résistances attendues

Si l'on peut anticiper une large adhésion à l'idée, la principale difficulté résidera dans la « déresponsabilisation » indispensable d'une grande partie des personnes et organismes actuellement impliqués dans le système, pour lesquels il faut donc obligatoirement trouver une solution. La création d'une section unique au niveau de Pôle Emploi permettra une réaffectation partielle, mais certainement pas totale.

Délais

La revalorisation de l'apprentissage, permettant l'accès à un emploi stable et attrayant, correspondant à un changement de mentalité, elle se fera progressivement sur une période de 10 à 20 ans. Un « choc » peut néanmoins être créé en mettant fortement à contribution les « grandes écoles » et autres formateurs « d'élites ». La création et la mise en place d'un dispositif de formation obligatoire et d'un guichet unique nécessitera probablement entre deux et trois ans - mais peut constituer l'une des grandes réussites d'un quinquennat, surtout si le projet est directement porté par un Président, un Premier ministre ou un Ministre spécialement nommé à cet effet.

Projet n° 5 :

créer un dispositif de mini-jobs pour les chômeurs et les primo-demandeurs d'emploi

Intérêt de la réforme

La France compte désormais 3,8 millions de chômeurs sans aucune activité depuis plus de trois mois ainsi que 2 054 500 chômeurs (souvent jeunes) sans aucune formation. Ces deux catégories sont exposées à un risque accru de « désocialisation » grandissante : perte des habitudes liées à une activité, isolement par rapport à la famille, aux amis, aux voisins, risque accru de tomber dans la dépendance à certaines substances addictives, perte de domicile, etc. Avec, en priorité, un ciblage sur les catégories les plus fragiles, mais également la possibilité, pour tous les chômeurs qui le souhaitent et préfèrent une activité passagère et à temps partiel à une inactivité totale, l'ouverture du marché des petits jobs est fortement souhaitable ; quitte à moduler les conditions quand la situation du marché du travail sera redevenue plus favorable.

Objectif

Créer 500 000 mini-jobs au bout de trois ans.

Faire évoluer le chèque emploi service universel (CESU) vers un titre de travail généralisé : distribution à tous les foyers, toutes les entreprises et tous les chômeurs.

Généraliser son utilisation et la rendre obligatoire pour tous les travaux donnant lieu à une rémunération de 8,10 € net de l'heure, congés payés inclus. Déclaration/traitement simplifié et donnant lieu à des charges fortement réduites et forfaitaires. Imputation seulement partielle des rémunérations sur les allocations chômage. Forte incitation, après six mois d'activité partielle, à demander une formation en alternance (avec allocation directe d'une partie des fonds collectés pour la formation). Ouverture, au niveau des mairies, d'un comptoir « services d'utilité publique » et offrant des activités avec CESU.

Résistances attendues

Même s'il s'agit d'une mesure fondée à 100% sur le volontariat, l'opposition générale des syndicats à la mise en place de petits jobs « à l'allemande » est quasiment assurée. D'où l'intérêt de passer par un référendum sur le projet global et, éventuellement, d'effectuer un sondage auprès des chômeurs. Par contre, pour éviter des distorsions trop importantes, le projet doit être national, administrativement simple (très focalisé sur les liens directs entre employeur et employé) et fortement couplé à des incitations à améliorer les conditions du « job », dans le cas d'un salarié très motivé et susceptible d'acquérir une expérience et une qualification croissante.

Délais

Préparation du dispositif négociations/sondage/référendum : 6 mois. Maintien inchangé du dispositif pendant au moins 5 ans.

Projet n° 6 :

créer un contrat de travail unique (CTU)

Intérêt de la réforme

La très (trop) forte différence de statut entre un CDI, protégé par de nombreuses règles, et un CDD, très instable et désormais utilisé par les entreprises pour contourner la rigidité du CDI, conduit en France à une bipolarisation inacceptable du marché du travail entre ceux qui sont « dedans » et ceux qui sont « dehors ».

Malgré les récents accords entre partenaires sociaux, visant à faciliter les licenciements économiques, à réduire les incertitudes sur un recours juridique devant les prud'hommes et à pénaliser financièrement les CDD de très courte durée... rien n'y fait.

Au deuxième trimestre 2014, 84,2% des embauches se sont faites sous forme d'un CDD. Il faut donc réussir une réforme qui permette de fluidifier davantage les transferts entre ceux qui sont « dedans » et ceux qui sont « dehors » ; et faciliter par la même occasion l'accès des demandeurs d'emplois (souvent jeunes) à un premier emploi stable.

Objectif

Remplacer progressivement, et sur une période d'environ 20 ans, tous les CDD et CDI par un contrat de travail unique qui deviendra la norme.

Principales mesures

La principale proposition, avancée surtout par l'économiste et Prix Nobel, Jean Tirole, consiste à faire disparaître CDI et CDD au profit d'un contrat de travail unique. Ce contrat offrirait une protection progressive au détenteur du poste, en fonction de son ancienneté ce qui, il est vrai, peut constituer un nouveau frein à la mobilité professionnelle, surtout en l'absence d'une croissance économique significative. Les cotisations des entreprises seraient modulées (un peu à la manière des accidents du travail), en fonction du volume de leur destruction d'emplois, donc en fonction du coût qu'elles font subir à l'assurance chômage.

En même temps, et en contrepartie d'indemnités de licenciement majorées et déterminées à l'avance et d'un rôle des prud'hommes ne s'exerçant plus sur l'opportunité et le bien-fondé du motif économique au regard des résultats financiers de l'entreprise, une rupture de contrat serait davantage sécurisée pour l'employeur.

Un deuxième volet de mesures pourrait rendre la mise en place d'un contrat de travail unique encore plus acceptable et le marché de l'emploi plus fluide : par la création d'incitations fortes à la mobilité, à partir du compte formation à vie, avec obligation d'y recourir, transposabilité de certains droits en cas de changement d'employeur, d'une incitation financière en cas de changement de métier ou de région au moment d'un changement d'employeur… la fluidité, surtout vers de nouveaux métiers, pourrait être fortement facilitée.

Résistances attendues

Les principales résistances viendront, évidemment, des détenteurs actuels de CDI par la voie des syndicats qui les représentent. Or, comme pour les contrats actuels des fonctionnaires, la probabilité de pouvoir modifier les « droits acquis » étant très faible, surtout sur un plan juridique… le transfert vers un nouveau contrat de travail unique ne pourra se faire que sur une longue période, et progressivement. En remplaçant immédiatement, partiellement ou totalement, le CDD mais en laissant subsister les CDI existants sans possibilité de pouvoir en contracter de nouveaux.

Délais

Élaboration du dispositif et négociations entre partenaires sociaux, avec contrainte de délai imposée par l'État : 6 mois.

Suppression du CDD partiel ou total au profit du nouveau contrat unique : 6 à 12 mois. Remplacement des CDI existants : environ 30 ans.

Pourquoi les six projets proposés constituent-ils, à la lumière de cet essai, un véritable cas d'école ?

Premièrement, parce qu'ils sont choisis dans le domaine considéré comme la préoccupation n° 1 des Français, à partir d'un catalogue très large de mesures possibles, comme les priorités absolues d'un programme avec un *optimum* entre potentiel d'amélioration (maxi) et résistances attendues/délais (mini). En même temps, ils permettent de voir, de façon totalement transparente, toutes les autres mesures qui ne sont pas prises ou reléguées à plus tard, car l'éparpillement et la dispersion sont des garanties d'échec.

Deuxièmement, parce que le raisonnement mis en avant au niveau de chaque projet est avant tout positif – plutôt que l'annonce de menaces, voire la perte de certains « privilèges ».

Troisièmement, parce que les projets préconisés auront à la fois un impact à court terme (combler les postes existants, par exemple) et à très long terme (disparition du dernier CDI au profit d'un contrat de travail unique, par exemple) et permettront ainsi, enfin, le déclenchement d'une spirale positive dans le cadre d'une perspective à long terme, visible par tous les Français.

Enfin, les décisions et mesures reflètent, y compris pour certaines résistances à dépasser, le caractère exceptionnel du projet et font appel à des solutions tout aussi exceptionnelles, ainsi qu'à des dirigeants politiques courageux, désintéressés et pugnaces.

Bien sûr, les six projets préconisés, ne tarderont pas à soulever des questions sur leur faisabilité et leurs voies de financement, tendant à prouver que l'argent nécessaire fait défaut. Apportons, là aussi, une tentative de réponse : une hausse générale de la TVA (de 3 points, par exemple) au bénéfice de la baisse du chômage de masse (surtout des jeunes) est politiquement défendable par des dirigeants politiques de toutes sensibilités. Une réorientation directe, sans passer par les intermédiaires actuels, d'une partie des fonds importants destinés à la formation professionnelle permettra aussi de rendre plus opérationnels les moyens existants.

Enfin, la souscription d'un grand emprunt d'État, comme il y en a eu à d'autres moments de l'histoire de France, pour favoriser l'emploi et l'employabilité, est une autre piste à étudier. Avec, la perspective qu'une initiative européenne relayera, pour partie, les mesures que la France – idéalement en collaboration avec l'Allemagne – aura déjà lancées de façon exemplaire.

Conclusion : être prêt pour l'échéance de 2017

La prochaine élection présidentielle de 2017 n'est pas loin... et plus proches encore sont les primaires qui la précéderont, à droite comme à gauche. Quel que soit le prochain Président de la République, qu'il soit de droite (Xavier Bertrand, Christian Estrosi, François Fillon, Alain Juppé ou Nicolas Sarkozy, dans l'ordre alphabétique...) ou de gauche (Martine Aubry, François Hollande lui-même ou Manuel Valls), et une fois qu'il aura battu Marine Le Pen, si celle-ci arrive au second tour, il devra diriger la France autrement et l'engager sur la voie du retournement. Je parie sur le fait qu'il y parviendra, à condition de suivre, au moins en partie, les conseils apportés dans cet essai et de se servir de sa « boîte à outils ».

Après deux générations, celle de mes parents et celle de mes grands-parents, qui ont connu chacune et chacune souffert d'une guerre dévastatrice en Europe, j'ai pu profiter moi-même – comme cela sera probablement encore les cas pour la génération de mes enfants – d'une relative accalmie et, surtout, de la prospérité économique. Je pense désormais, comme la plupart de mes amis, que même si les défis futurs se situent probablement en partie plus loin de nos frontières, les perspectives pour la génération de mes petits-enfants risquent de redevenir plus compliquées : entre une croissance plus « molle », des fluctuations fortes de toutes sortes, une longévité galopante, des clivages sociaux (et peut-être religieux) croissants, une perte d'influence relative de l'Europe et les défis écologiques, les enfants nés en 2015 auront, même pour l'optimiste que je suis, probablement davantage de défis à affronter que ce fut le cas des gens de ma génération. Essayons donc de leur transmettre une France (et une Allemagne...) dans un état aussi préparé et compétitif que possible !

Aussi, en conclusion, si je peux formuler un « vœu », je souhaiterais que le futur « patron » de la France soit à la hauteur des défis du pays, et ce dans au moins cinq domaines :

- Fédérer la majorité des électeurs autour d'un projet global, explicitant ses choix sur la base d'une vision pour la France et d'un projet d'ensemble à l'horizon 2030 ; cette vision devra pouvoir être expliquée à tous les partenaires de l'écosystème français.
- Annoncer clairement le choix de ses priorités pour le retournement de la France et, surtout, les changements concrets initiés dans les 100 premiers jours.
- S'entourer d'une équipe de collaborateurs expérimentés, compétents, déterminés, disciplinés et se mettant à 110% au service du projet et de l'intérêt de la nation. S'appuyer, à l'Assemblée nationale, sur une large majorité ou, si cela n'est pas possible, sur une coalition gauche/droite de circonstance et de courte durée.
- Respecter quelques principes de gestion saine.
- Redonner confiance à l'ensemble des parties prenantes dans sa capacité à donner le cap, à mettre en œuvre ses projets, à rendre compte des résultats et à adapter la trajectoire tout en gardant le cap.

Fédérer sur la base d'une vision et d'un programme

Le candidat qui remportera les élections de 2017 devra convaincre les électeurs sur la base d'une vision qui érigera comme « cause nationale » et premier objectif, de ramener le chômage à un niveau inférieur à la moyenne européenne et le plus près possible du plein-emploi, ainsi qu'un (très) petit nombre d'objectifs sur les autres enjeux de société comme, par exemple, la sécurité et la réduction des prélèvements à un maximum de 50%. Exprimant des convictions personnelles plutôt qu'un consensus entre les factions de son parti, et expliquant clairement ce qu'il veut changer et, surtout, ce qu'il ne modifiera pas, il affichera clairement des objectifs vérifiables pendant et à la fin de son mandat – tout en faisant la part entre les engagements pris et les orientations politiques sur des enjeux à traiter (par exemple, l'avenir de l'Europe).

S'entourer d'une équipe à la hauteur du défi

Ayant préconfiguré (et annoncé partiellement ?), dès la campagne électorale, une équipe gouvernementale bipartisane et, pour partie, technocrate – constituée d'hommes et de femmes compétents, expérimentés, crédibles et exemplaires, il fédérera et animera, conscient qu'il est face à une situation exceptionnelle, des personnalités exceptionnelles pour des mesures exceptionnelles – pensées et grandement préparées. À l'Assemblée nationale il s'appuiera sur une majorité large si les résultats électoraux le permettent – y compris dans le cadre d'une coalition ou d'un gouvernement de coalition, en cas d'évolution législative vers une part accrue de proportionnelle. À défaut, il réunira une coalition de circonstance, composée de députés réformistes de gauche et de droite, pour faire passer – dans un temps limité – quelques réformes clés pour le pays, et éventuellement validées par référendum.

Afficher ses priorités et profiter des 100 premiers jours

À partir d'une centaine de projets de réformes requis et connus, il affichera ses priorités en fonction de l'impact attendu de chaque projet et de sa faisabilité – tenant compte de la complexité de leur mise en œuvre, des résistances anticipées et des leçons à tirer d'expériences étrangères. Il annoncera clairement son plan d'action pour les 100 premiers jours – un plan comportant à la fois la conduite d'actions aux résultats rapides (« *quick wins* ») et le lancement de chantiers prioritaires dont les résultats ne seront perceptibles qu'à moyen terme.

Respecter quelques principes de gestion saine

Mélange de rénovateur et de « bon père de famille », il affichera pour chacun de ses projets des objectifs ambitieux mais tenables, et les redistribuera tout au long de ses structures ministérielles. Il mettra au budget plus de recettes que de dépenses, essayera de prendre un peu d'avance dès le départ, gardera un peu de réserves « sous le pied » pour dépasser les attentes. Il rendra compte de ses résultats fréquemment et régulièrement avec le concours des principaux membres de son équipe.

Redonner confiance

Ayant démontré sa force de conviction pendant la campagne, il restaurera progressivement la confiance des Français, de ses électeurs et des leaders d'opinion… Par son comportement exemplaire, la pédagogie de l'explication positive de ses mesures et le respect de son plan d'action « sans surprises », il démontrera au fil des mois sa capacité à réussir en mettant en avant les premières réussites collectives, tout en assumant les dérapages ou les mauvaises surprises et en en tirant les conséquences.

Avec, pour résultat, en premier lieu une baisse du chômage, une réorganisation des compétences de l'État, une renaissance du couple franco-allemand, une nouvelle impulsion commune en Europe et, en retour, un changement progressif des mentalités et le retour d'une partie des Français partis à l'étranger.

La réconciliation des Français avec la politique et la responsabilité des dirigeants actuels – mais aussi de chacun d'entre nous – vis-à-vis des générations futures est à ce prix-là !

CV Axel Rückert

Axel Rückert, né en 1946, a passé toute sa jeunesse à Berlin (Ouest), entre les tentatives de blocus de la ville d'après-guerre, la normalisation dans l'isolement et la construction du Mur. Après un Abitur et un Baccalauréat au Lycée Français, il poursuit ses études de Sciences Économiques et Politiques à l'Université Libre, ponctuées d'activités franco-allemandes diverses : accueil de journalistes français, échanges entre étudiants, participation à l'entretien des cimetières militaires, stage à l'ORTF, campagnes électorales aux côtés d'hommes politiques exceptionnels, Willy Brandt et Pierre Mendès-France. Attiré, après avoir été à la tête de l'AIESEC (Association [allemande] des Étudiants en Sciences Économiques et Commerciales) par le monde des entreprises, et après une première expérience dans le marketing, sa véritable carrière professionnelle débute avec son recrutement, en 1974, au sein du cabinet McKinsey & Company, à Paris.

En tant que consultant et Directeur Associé, il participe à de nombreuses études de stratégie et d'organisation d'entreprises tant en France, qu'en Allemagne et dans de nombreux pays étrangers (Belgique, Pays-Bas, Algérie, Espagne, États-Unis, etc.).

En 1983, il fonde son propre cabinet, Management Partenaires, spécialisé dans le détachement de dirigeants expérimentés auprès d'entreprises en difficulté. Indirectement, en animant un groupe de gestionnaires intervenant dans plus de 100 entreprises, et directement, en tant que « patron » temporaire d'entreprises et de groupes aussi variés que la Chapelle-Darblay, Boussac Lin, la Société des Vins de France, La Générale de Biscuit Belge, Bull Europe, Bertrand Faure Allemagne, BSN glasspack, Philips Consumer Communication, Getronics et Debitel, il devient un spécialiste du retournement (turn-around) d'entreprises en difficulté.

Marié à une Française, avocate et Maire-adjoint d'une ville de banlieue parisienne, père de quatre enfants, travaillant dans des entreprises appartenant aux technologies nouvelles, il fait partie de plusieurs ateliers de réflexions politiques et économiques, de start-ups et de conseils d'administration.

Le poids des mots, le témoignage des photos

Campagne électorale de Pierre Mendès-France, Grenoble 1968.

C'est l'homme-clé du redémarrage de la Chapelle-Darblay :

Sans jouer les Tapie, Axel Rückert veut être davantage qu'un mercenaire de l'industrie

La quarantaine sportive, un accent allemand tenace et une parfaite connaissance de notre langue, le contact chaleureux et une énergie palpable, Axel Rückert a été l'un des hommes-clé du dossier Chapelle-Darblay. Aujourd'hui, il prend de la distance avec ce qui aura été sa première « grosse affaire » pour se consacrer à d'autres « canards boiteux » de l'industrie. Car Axel Rückert est l'un de ces mercenaires de la modernisation industrielle. Il loue ses services à une entreprise malade, prend la barre pendant quelque temps, remet le bateau sur sa route, puis s'en va. Vers d'autres visages où le climat est morose et le dépôt de bilan monnaie courante. Curieux métier, curieux hommes. Une capacité d'analyse peu commune, des idées, une solide connaissance de la gestion, et des facultés humaines qui forcent l'adhésion. Mais Axel Rückert veut aller plus loin, être davantage qu'un médecin doué et réputé appelé au chevet de grands malades. Désormais, s'il continue à louer ses services, il prend une part de responsabilité en investissant dans des entreprises souffrantes. Ainsi, les cycles Mercier sont-ils tombés dans l'escarcelle de son jeune groupe, suivis par « France-Loire » et Gouvy (outils de jardin). D'autres firmes vont suivre. Quand on évoque Bernard Tapie, Axel Rückert sourit : « Nous avons des méthodes plus traditionnelles que lui ». Boutade ?

Pur produit des universités allemandes, Axel Rückert a très vite acquis une expérience internationale. Chez Henkel d'abord, et surtout chez Mc Kinsey et Cie à Paris. De 1974 à 1983, il deviendra même le directeur associé de ce très important cabinet de consultants. Mais Axel Rückert a envie de voler de ses propres ailes. Fin 1983, il crée donc « Management Partenaires » et s'entoure d'une dizaine d'hommes rompus à la direction générale ou consultants de haut niveau. Le jeune P.-D.G. fixe alors trois axes à l'action de son cabinet : la direction temporaire, l'élaboration et la négociation de plans de redressement, l'assistance dans le redémarrage. Le hasard et des relations amèneront un « gros » client à « Management Partenaires », John Kila, P.-D.G. de Parenco et repreneur de la Chapelle-Darblay. Le premier papetier français est alors bien malade, il a perdu 10 millions de francs par mois en 1983. Le blocage social est total, les usines sont occupées, l'outil de travail souvent inadapté. Axel Rückert va être le négociateur du fameux accord social qui mettra fin au conflit. Ce premier pas franchi, il dirigera la remise en route et le début d'application du plan d'investissement. Avec un outil encore inchangé, il obtiendra un gain de productivité sensible de mai à décembre 84, les résultats redeviennent positifs. Enfin, le climat social s'assainit, et la Chapelle n'a guère connu de mouvements de grève durant cette période. Mission remplie donc. Elle est devenue aujourd'hui une carte de visite respectée dans le monde de l'industrie.

75 % de la vérité

Axel Rückert reconnaît, en effet, que son expérience à la tête de la Chapelle-Darblay lui a donné une crédibilité : « Opérationnellement, la profession s'accorde à dire que c'est une réussite ». Il se [illegible] son cabinet aussi. « Dans une entreprise en difficulté, il ne faut pas attendre de connaître toute la situation, toute la vérité. C'est trop long et les entreprises françaises utilisent mal les rapports remis par les consultants. Il faut rapidement comprendre 75 % de la vérité, les 25 % restant, c'est beaucoup plus laborieux, et la meilleure méthode est d'entamer des actions au plus vite »... « En fait, nous menons en parallèle l'analyse et l'action. » Et dans l'action, Axel Rückert réserve une large part à la communication : « Beaucoup de sociétés ont encore peur de réunir le personnel. Alors que nous cherchons l'ouverture, la discussion. Dans les entreprises françaises, les rapports sont souvent trop hiérarchiques et fermés. Avec les syndicats, nos relations me semblent bonnes. A la condition que ce soit l'avenir de l'entreprise qui préoccupe tout le monde et non une stratégie politique. » Et il est vrai qu'à la Chapelle-Darblay, ce patron par intérim n'a jamais eu la réputation d'un « coupeur de têtes ». « Nous ne refusons pas la réduction d'effectif dans une restructuration. En revanche, c'est une erreur de penser que cette réduction est la seule solution. »

Dans ses fonctions, Axel Rückert est évidemment bien placé pour cerner les causes de la maladie industrielle : « Il y a en premier lieu la conjoncture. Elle est mauvaise, et il y en a toujours un qui a plus faim que les autres et qui casse les prix. Souvent aussi, l'entreprise n'a pas su s'adapter ou n'a pas eu le courage de mettre en œuvre les décisions qui s'imposaient. Ce n'est pas toujours facile de se séparer d'un collaborateur qui a beaucoup donné à une société. Il faut de la volonté, de la force parfois, pour appliquer ce que nous conseillons. Nous, on voit d'abord ce que l'on peut sauver dans les meubles, et après on reconstruit. »

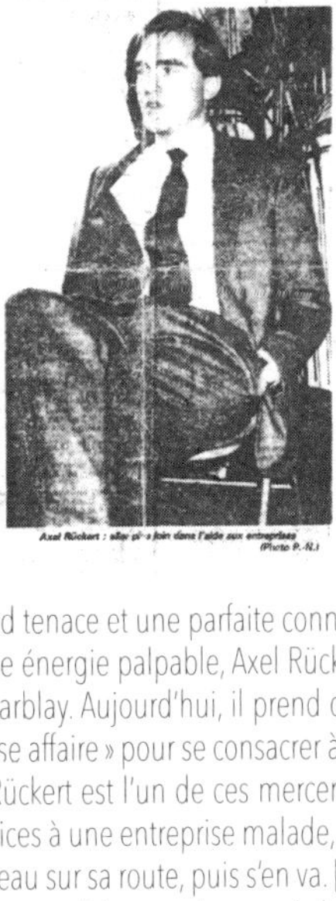

Axel Rückert : aller plus loin dans l'aide aux entreprises (Photo P.-N.)

Dans un contexte difficile donc, Axel Rückert s'interroge également sur le rôle des banques : « Dans le passé, elles avaient une connaissance limitée des entreprises clientes. Elles sont souvent réticentes à prendre des risques et aussi très sollicitées par les pouvoirs publics. Dans un pool bancaire, quand l'un des membres se dégonfle, personne ne prend sa place, ça ne se fait pas, c'est un cercle fermé. Je crois que les banques ont déconnecté du sort des entreprises. »

« Aller plus loin »

Cette mentalité bancaire, cette attitude ne sont pas étrangères à la volonté d'Axel Rückert d'aller plus loin dans la mission du cabinet d'assistance et de gestion. Avec ses associés, il a créé, voilà un an, une société de financement de restructurations industrielles, la Sefinri. En plus du diagnostic, il apporte un début de financement à des entreprises en difficulté, mais disposant, à son avis, de chances sérieuses de redressement. « Ce que nous regardons, c'est le nom, le prestige de la marque, le potentiel à l'exportation et la qualité de l'outil. A nous de gérer différemment, de créer une dynamique, d'analyser d'après le marché et pas uniquement en fonction de ce que l'on sait faire ou de ce qu'on a envie de faire. » Ainsi Axel Rückert ne cache-t-il pas qu'il procède à un changement de philosophie chez Mercier : « On revient au haut de gamme avec un objectif de 50 % à l'exportation. »

C'est pourquoi Mercier revient dans la course professionnelle en sponsorisant l'équipe de Kelly. En revanche, à « France-Loire », toujours dans la région stéphanoise, c'est un retour aux cycles de milieu de gamme que préparent les hommes d'Axel Rückert. Le redémarrage a été favorisé par une étroite association du personnel, « les licenciés remettant leurs indemnités dans le capital ». Et France-Loire fabrique les vélos Poulidor, le champion, en assurant la promotion. Dans ce domaine du cycle, l'ambition d'Axel Rückert est de constituer « dans la région de Saint-Etienne un pôle qui soit l'un des trois survivants de cette industrie. » Voilà un exemple, mais la Sefinri s'intéresse à d'autres entreprises malades. « Nous sommes malheureusement en France dans un créneau porteur », fait-il remarquer en soulignant tout de même « qu'il y a la bousculade dans les créneaux de pointe, mais pas la foule autour des canards boiteux ». Alors, un nouveau Bernard Tapie ? Axel Rückert s'en défend. Il veut, dit-il, que « la vocation de service de « Management Partenaires » demeure et que, de temps à autres, on investisse au niveau du capital ». D'ailleurs, une troisième société vient d'être constituée, « M.P. Expansion ». « Nous voulons créer des produits, les lancer, monter des fonds de commerce de départ. Nous nous engageons à créer un nombre d'emplois précis sur un site précis moyennant un prix forfaitaire. Vis-à-vis des gens qui ont un problème de conversion de site industriel, nous garantissons de trouver des partenaires ou d'implanter nos propres affaires. »

[illegible] pour Axel Rückert, mais elle reste axée sur la modernisation et la [illegible] industrielle. Une tâche qu'il trouve passionnante et valorisante. Il reconnaît « qu'on s'attache à une entreprise qu'on aide. Les gens ne se crèvent pas à faire redémarrer une affaire pour la voir cédée à un repreneur qui ne donne pas de garanties. On s'investit pleinement, dans tous les sens du terme. » Un regret tout de même : les pouvoirs publics ne nous ont jamais confié de dossier. Sans doute n'est-on pas assez branché, puisque nous n'avons aucune étiquette politique ! Ceci dit, si Axel Rückert rêve de se voir appelé « au chevet d'un autre grand malade type Chapelle-Darblay », il ne volera pas au secours de la première grosse affaire venue : « Prenez l'exemple des Chantiers navals, la situation est irrécupérable dans une majeure partie. Dès qu'il s'agit d'une entreprise à très fort taux de main-d'œuvre, dans le contexte européen, vous ne pouvez pas vous en sortir. »

Michel GUILLOTIN.

« La quarantaine sportive, un accent allemand tenace et une parfaite connaissance de notre langue, le contact chaleureux et une énergie palpable, Axel Rückert a été l'un des hommes-clé du dossier Chapelle-Darblay. Aujourd'hui, il prend de la distance avec ce qui aura été sa première « grosse affaire » pour se consacrer à d'autres « canards boîteux » de l'industrie. Car Axel Rückert est l'un de ces mercenaires de la modernisation industrielle. Il loue ses services à une entreprise malade, prend la barre pendant quelques temps, remet le bateau sur sa route, puis s'en va. [. . .] Une capacité d'analyse peu commune, des idées, une solide connaissance de la gestion, et des facultés humaines qui forcent l'adhésion. »

« Son nouveau PDG Axel Rückert confirme sa réputation de redresseur d'entreprises en difficultés »

LA SVF SUR LA ROUTE DES CRUS

La Société des Vins de France reste dans le giron de Pernod-Ricard et joue la carte de la qualité pour assurer son redressement.

La Société des Vins de France (SVF) va sortir du rouge plus vite que prévu. Son nouveau P-DG Axel Ruckert confirme sa réputation de redresseur d'entreprises en difficulté. Il est en train de mener tambour battant un repositionnement de ce champion tricolore du gros-qui-tache vers des vins plus « marketing », plus fins et plus profitables. Le plan sera dévoilé officiellement en septembre.

Lorsqu'en juillet 1985 le groupe Pernod-Ricard porte sa participation dans la SVF de 45 % à 90 % du capital, moyennant un chèque de 45 millions, la place financière s'interroge. Quelle mouche a donc piqué le leader des spiritueux en Europe, qui a ferraillé pendant près d'un an pour prendre le contrôle d'une entreprise peu appétissante ?

Bien que leader français dans sa catégorie, la SVF opère sur le marché des vins de table, en déclin de 4 % par an en volume, et ne brille pas par ses performances. Après un minibénéfice net de 2 millions de francs en 1984 pour des ventes de 1,5 milliard, l'année 1985 s'est terminée sur une perte d'exploitation de 22 millions qui s'est encore aggravée en 1986, à 47,2 millions de francs, pour un chiffre d'affaires voisin de 2 milliards.

Le scepticisme est tel que des bruits commencent à se répandre sur une revente de la SVF par sa maison mère.

Erreur. C'était compter sans la capacité de Pernod-Ricard à restaurer l'ordre et les profits dans les sociétés où elle met le pied.

Le 6 avril dernier, Axel Ruckert prend les rênes. Cet ancien patron de Mac Kinsey France a participé au repêchage de Pampryl, autre filiale de Pernod-Ricard qui a renoué enfin l'an dernier avec les bénéfices. Il a reçu carte blanche pour faire un bis à la SVF. Mission presque accomplie, selon lui.

Axel Ruckert annonce d'ores et déjà que le résultat courant d'exploitation sera cette année équilibré. Il ajoute que le résultat net, qu'on prévoyait négatif de 10 millions de francs, pourrait être égal à zéro et « totalement neutre pour le groupe », compte tenu des plus-values sur cession d'actifs supérieures aux prévisions initiales. Dans la foulée, il prévoit un résultat net positif de 30 millions de francs en 1988 et pourquoi pas, à terme, le passage de la SVF du hors-cote de Marseille au Second Marché.

Deux priorités : qualité et régionalisme

Pour remettre la filiale de Pernod-Ricard sur les rails de la prospérité, ce consultant devenu manager a appliqué les recettes classiques. Il a mis en place un suivi quotidien des ventes et pris acte de l'axiome de base qu'on ne fait pas boire et payer un consommateur qui n'a pas soif.

De même que le Français a délaissé la Gitane maïs pour les blondes légères à bout filtre, de même son goût pour le vin s'est transformé. Côté emballage, le plastique fait la nique au litron en verre consigné. Côté liquide, les vins courants perdent chaque année du terrain face aux vins dits qualité et fins. Lorsqu'on sait que la SV[F a] investi massivement depuis quelques [an]nées dans l'emballage verre et qu'elle [réa]lise 73 % de ses ventes en vins coura[nts] (contre 68 % pour le marché) on compre[nd] ses déboires. Quatre mois ont largem[ent] suffi à son nouveau capitaine pour chan[ger] de cap. Sa route se lira sur la carte des v[ins]. Priorité aux vins de qualité et de prix su[pé]rieurs. La SVF est déjà le premier achet[eur] national en château-margaux. Cette [...] elle lance sa propre marque, ce sera Cru[s et] Domaines de France. Ce nouveau vin sera embouteillé dans les deux centres [de] Bordeaux-Charron et de Mâcon-Est[, et] disposera de ses propres forces de vente.

Autre priorité : les vins de pays (p[rix] moyens et marges moyennes). À côté [des] Vieux Papes, une nouvelle gamme va ê[tre] lancée à la rentrée « avec un objectif [de] ventes similaire ». Les vins de spécial[ité] type Villageoise (emballage plastique) [et] Carré de Vigne seront choyés. Quant [au] parent pauvre, le vin de table, il ne s[era] plus désormais fabriqué qu'à façon pour [les] grands distributeurs.

Ces changements se liront dans [le] compte d'exploitation : la hausse du ca[sh] *flow* va permettre de réduire le fonds [de] roulement et l'amélioration du bilan p[er]mettre le désendettement.

Si ce plan est mené à bien, le grou[pe] Pernod-Ricard en recueillera les fruits da[ns] ses comptes consolidés. En mai derni[er] lorsque l'action cotait 1.070 F, le bro[ker] Savory Milln prévoyait un bénéfice [net] consolidé (part du groupe) de 630 millio[ns] cette année (malgré une perte nette [de] 35 millions pour la SVF). Avec un multi[ple] de capitalisation de 15,9, il conseillait d'[a]cheter le titre. Ce dernier navigue actuel[le]ment aux alentours de 950 F. Et la SV[F] relève la tête... ■ *Elisabeth Chave[...]*

Après Pampryl, Axel Ruckert s'attaque au red[res]sement de la SVF. Quatre mois lui ont suffi [pour] changer de cap.

Ce qui est rare est cher

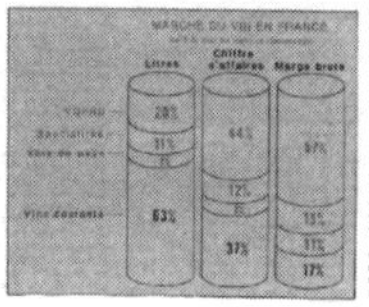

C'est la qualité qui rapporte. D'où la nouvelle politique de la SVF. Espérons qu'elle sera payante.

VQPRD : vin de qualité produit dans une région délimitée.

DU 17 AU 23 AOUT 1987 - LA VIE FRANÇAISE

AGRO-ALIMENTAIRE

SVF : bon parcours 87

La filiale de Pernod-Ricard a renoué avec l'équilibre en 1987 et compte se développer dans le milieu de gamme en 1988.

Axel Ruckert est un patron heureux. Moins d'un an après avoir pris en main les destinées de la Société des vins de France (SVF), il vient de présenter les résultats de cette filiale malade du groupe Pernod Ricard. Des résultats tout à fait fidèles aux objectifs qu'il s'était fixé à son arrivée à la tête de la société.

Pour commencer, le résultat d'exploitation de la SVF deviendra bénéficiaire. La société avait essuyé en 1986 une perte de 41 millions de francs. L'amélioration enregistrée au cours de l'année se chiffre à une cinquantaine de millions de francs. *« Le résultat d'exploitation en 1987 devrait se situer dans une fourchette de 10 à 25 millions de francs »* estime Axel Ruckert. Ceci pour un chiffre d'affaires légèrement en baisse de 1,8 milliards (contre 2 milliards en 1986) du fait d'un repli général de l'activité de vins de table.

Conditionnement perdu

Le résultat net sera au moins équilibré. Enfin l'endettement de la société a également baissé de façon conséquente d'une centaine de millions de francs.

Ces bonnes performances sont le fait d'une année d'économie. *« La société a généré des économies de l'ordre de 70 millions de francs »* précise Axel Ruckert. 1988 sera l'année du développement. SVF poursuit son objectif de diversification vers les produits moyens et haut de gamme.

L'entreprise a déjà créé il y a quelques mois une division « vins fins » avec Crus et domaines de France. Aujourd'hui elle s'attaque aux génériques AOC (Appellations d'origine contrôlée). Un marché qui représente environ 26 % des volumes en distribution alimentaire et qui connait une croissance annuelle de l'ordre de 3 %. Dans cet esprit, elle vient de lancer une gamme de cinq vins d'appellation sous la même marque : Classique des vins de France. Coût du lancement : environ 15 millions de francs. L'objectif étant d'atteindre les 5 millions de bouteilles à la fin 1988.

L'autre grande innovation se situe au niveau de l'emballage. La SVF se lance dans le *« conditionnement perdu ». « Elle veut présenter une alternative au litre consigné »* affirme Axel Ruckert. L'expérience se fait sur l'une des marques phares de la SVF : le Bien Venu. Cela donne une bouteille en PCV, plus légère et moins encombrante. Reste à savoir si les consommateurs suivront.

Nazanine RAVAI.

« Axel Rückert est un patron heureux. Moins d'un an après avoir pris en main les destinées de SVF, il vient de présenter les résultats de cette filiale malade du groupe Pernod Ricard. Des résultats tout à fait fidèles aux objectifs qu'il s'était fixés à son arrivée à la tête de la société. »

LES DÉCIDEURS

Axel Rückert à la tête de Bull Europe

Jean-Marie Descarpentries, PDG du groupe Bull, réorganise son état-major en Europe. Il vient de confier à l'allemand Axel Rückert la direction générale de Bull Europe, une nouvelle entité qui englobe toutes les filiales du groupe en Europe, à l'exception de la France, et pèse 9,5 milliards de francs, soit le tiers du chiffre d'affaires du groupe informatique.

Parallèlement, il a nommé Alain Zeitoun, 51 ans, précédemment directeur général adjoint de Bull Europe, directeur général de la division service clients de Bull (5,8 milliards de francs de chiffre d'affaires en 1994). Tous les deux deviennent membres du « Bull Executive Board », dirigé par Jean-Marie Descarpentries.

Agé de 48 ans, diplômé en sciences économiques et en sciences politiques, Axel Rückert n'est pas un homme du sérail informatique mais une figure connue dans le monde des redresseurs d'entreprise, notamment dans le secteur agro-alimentaire. Il a fait ses débuts chez Henkel, avant de rejoindre le cabinet de consultants McKinsey, où Jean-Marie Descarpentries a également travaillé.

De 1974 à 1983, il a ainsi mené plusieurs missions. Cii-Honeywell, rebaptisé depuis Bull, lui a notamment confié, en 1978, une mission de plusieurs mois portant sur son réseau européen.

Elu « partner » en 1980, il devient directeur du bureau de Paris de McKinsey. En 1983, il crée sa propre société, Management Partenaires, spécialisée dans le redressement d'affaires en difficultés.

Axel Rückert a ainsi été amené à travailler pour La Chapelle Darblay, Boussac Saint-Frères, puis Pernod-Ricard (dossier JFA-Pampryl). En 1987, les dirigeants de ce groupe le nomment président de la Société des vins de France (SVF).

Avant de rejoindre Bull, il était directeur dans une filiale du groupe Danone en Belgique.

Axel Zeitoun est au contraire un homme du sérail. Diplômé de l'Ecole centrale, il est entré chez Bull en 1972, et a créé, en 1983, la première direction intégration de systèmes et services au sein de Bull France.

Ces nominations interviennent alors que Bull poursuit son redressement et que le gouvernement travaille à sa privatisation.

INFORMATIQUE LE FIGARO 19/12/95

Bull Europe confirme son redressement

Le constructeur informatique poursuit sa recherche d'un partenaire européen. Des groupes de média comme l'allemand Bertelsmann sont des alliés virtuels.

Après plusieurs années difficiles, Bull qui devrait dégager un résultat net positif pour la première fois cette année depuis 1988, confirme son redressement en Europe. *« Nous allons réaliser cette année un chiffre d'affaires de plus de 10 milliards de francs. Soit une croissance supérieure à celle du marché. Elle est de 7 % à taux constant et d'environ 12 % en dollars, et la rentabilité s'est améliorée »* explique Axel Rückert, directeur général de Bull Europe qui a pris les commandes de cette nouvelle entité en mars dernier. Bull Europe qui a représenté 40 % de l'activite mondiale du groupe public au premier semestre de cette année, regroupe toutes les filiales du constructeur informatique en Europe à l'exception de la France.

L'ensemble, qui est redevenu profitable au premier semestre *« pour la première fois depuis longtemps »* selon l'expression de Jean-Marie Descarpentries, PDG de Bull, a notamment marqué des points en Angleterre et en Scandinavie où son chiffre d'affaires a progressé de 25 à 30 %. Le constructeur informatique a également enregistré une croissance de 12 à 13 % de son chiffre d'affaires en Espagne et de 6 % à 7 % en Italie. En revanche, ses ventes sont stables en Allemagne et au Benelux. Mais le concurrent de Siemens devrait retrouver un nouveau souffle l'année prochaine.

Carte à puces et multimedia

Toutefois, la progression du chiffre d'affaires n'est pas synonyme d'amélioration des marges. La Belgique affiche une *« bonne rentabilité alors que la croissance des ventes n'est pas bonne »*. Par opposition, la Scandinavie *« réalise une bonne croissance mais une rentabilité moyenne »*. Et l'année 1996 s'annonce meilleure que 1995. *« Tous les pays européens connaîtront une croissance à deux chiffres l'an prochain »* affirme Axel Rückert.

En Asie et en Amérique latine, deux régions dont Axel Rückert est également responsable comme directeur général de Bull Overseas, le constructeur français marque aussi des points. Son chiffre d'affaires a progressé de 20 % dans cette zone grâce au Brésil.

Mais Bull ne compte pas sur ses seules forces pour améliorer ses performances en Europe. Le constructeur informatique français qui a réussi à convaincre le japonais NEC et l'américain Motorola d'entrer à hauteur de 17 % dans son tour de table aux côtés de France Télécom (17 %), souhaite s'allier avec un groupe européen.

« La recherche d'un partenaire européen sera la priorité de l'année prochaine. Cela peut être un groupe présent dans les programmes comme l'allemand Bertelsman car les synergies vont se développer entre les sociétés de production et les constructeurs de micro-ordinateurs multimedia. Ou un industriel qui se diversifie dans les services de télécommunications comme les allemands Veba, Mannesman ou Thyssen », observe Axel Rückert. Ce nouvel allié pourrait également être un groupe présent dans les services informatiques ou intéressé par l'activité cartes à puce.

L'éventail des possibilités est donc large. Il l'est également sur le plan financier puisque sa prise de participation pourrait varier entre 3 % et 17 % Mais Bull est également décidé à mieux faire jouer les synergies avec les partenaires actuels.

Y. Le G.

« Âgé de 48 ans, diplômé en sciences économiques, Axel Rückert n'est pas un homme du sérail informatique mais une figure connue dans le monde des redresseurs d'entreprise. [...] Il a fait ses débuts chez Henkel, avant de rejoindre McKinsey. »

DOSSIER

PHILIPS AL . 29/10/01

Axel Ruckert et la fermeture du Mans : «En France, ce n'était pas possible»

Axel Ruckert est arrivé à la tête de PCC au mois de mai dernier. Dans cette interview, il nous explique tout le déroulement de ce qui s'est réellement passé. Pas inintéressant !

Je leur ai dit : fermer une entreprise de 2500 personnes en France, non, il ne faut pas faire ça !

Le Mans

SOCIAL AL - 06/06/01

Philips : la survie passe par le partenariat... et la recherche

Alors que les plus pessimistes craignaient une fermeture pure et simple, Philips semble se préparer à une grosse opération de sauvetage du site manceau... même si les effectifs doivent quand même être revus à la baisse.

« Je leur ai dit : "Fermer une entreprise de 2500 personnes en France, non, il ne faut pas faire ça !" »

Remise des insignes de chevalier de la légion d'honneur par Jacques Chaban-Delmas (1992)

L'informatique, un besoin vital

des partenaires ne pouvait devenir trop dominant - voilà pourquoi nous ne souhaitions céder aucune participation majoritaire. Motorola et NEC l'ont compris. AT&T était intéressée, mais uniquement à une participation majoritaire, et elle a donc été écartée. De plus, les partenaires ne devaient pas se livrer à une concurrence directe. Intel n'aurait par exemple pas pu venir se placer aux côtés de Motorola. Or les activités de NEC et de Motorola ne se recoupaient qu'à peine. Ces deux sociétés lutteraient donc pour leurs avantages respectifs et pour une synergie avec Bull plutôt que de se faire concurrence."

La synergie avec les partenaires NEC et Motorola est importante, indique Rückert. NEC et Bull ont surtout des avantages mutuels importants sur le plan des mainframes. NEC fabrique par exemple de gros mainframes pour Bull, qui livre quant à elle le système d'exploitation.

Lorsqu'il s'agit d'ordinateurs de type UNIX, la synergie avec Motorola est la plus forte. Bull peut bénéficier de la position de leader de Motorola en tant que fabricant de puces électroniques. "On pourrait dire que Bull, IBM et Motorola sont devenus les principaux acteurs des développements du PowerPC," explique Rückert. La synergie qui existe entre Bull et Motorola couvre également d'autres terrains. Les deux entreprises procéderont donc à des études et à des développements communs et utiliseront leurs facilités de production respectives. Peut-être se serviront-elles également de leurs canaux de distribution mutuels, Bull jouant le rôle de tête de file en Europe et Motorola aux Etats-Unis.

Sur le marché du PC aussi, Bull a acquis une bonne position de départ. Par le biais de Zenith Data Systems, l'entreprise fait partie d'une constellation de sociétés, aux côtés de NEC et de Packard Bell (où tant Bull que NEC possèdent une participation de pratiquement 20%). Ensemble, elles sont en tête du marché mondial des PC, après Compaq. "Cette situation ouvre des possibilités de coopération," déclare Rückert. "Par exemple pour des achats groupés. Notre pouvoir d'achat peut être énorme."

Offre totale

Bull espère profiter pleinement de la position de départ favorable qu'il a acquise maintenant que la phase 1 de sa privatisation est achevée avec succès et que des partenaires intéressants se sont manifestés. Comment? "Nous proposons une offre totale. Bull reste un constructeur de matériel, mais nous souhaitons également nous profiler comme partenaire solide sur le plan des services. Nous sommes déjà actifs dans la prestation de services. L'intégration et la maintenance sont des fers de lance de notre politique. De même que l'IT-outsourcing - la sous-traitance de tout ou partie de la gestion informatique. Nous gérons donc les installations informatiques d'une importante société: la Nederlandsche Credietverzekering Maatschappij. Notre p sur ce segment de marché se renforce, surtout dans les p européens qui ont une préférence marquée pour les techr avancées comme les pays scandinaves." Rückert n'exclut dans un avenir proche, Bull cherchera des partenaires qui l mettront d'étendre ses prestations de services. A dater de l' 1996, lorsque Bull - si tout va bien - sera structurellement ciaire, la reprise de sociétés de prestations de services figu chapitre des possibilités.

Un intégrateur comme Bull pourra se tailler une bonne estime Rückert. Il évoque quelques caractéristiques du m des technologies de l'information où Bull se situe. "La bo nouvelle est qu'il s'agit d'un marché en pleine croissance. Les produits des technologies de l'information sont dever sorte de besoin vital primaire, à la différence que les beso ces produits augmentent à mesure que les gens ont les m C'est notoire: on peut avoir assez de pain, on n'a jamais d'ordinateurs. Le marché de l'informatique évolue rapide Cette évolution est principalement due aux découvertes ques qui se succèdent à un rythme accéléré. Les efforts d recherche et de développement doivent être énormes si l' rester compétitif. Les entreprises doivent trouver la voie

> **"Bull peut se profiler co un intégrateur qui guide le clie dans le labyrinthe qu' de l'inform.**

mènera de la table de dessin au client, si elles veulent que leurs produi vateurs leur rapportent de l'argent. Du moins, si elles ne pas casser les prix. Car ceux qui arrivent en retard sont l victimes des baisses de prix continuelles de notre marché peuvent que s'efforcer de faire des bénéfices en écoulant d'importants volumes. Simultanément, vous constatez q nombreux utilisateurs d'ordinateurs et d'autres produits informatiques se sont égarés, ou risquent de le faire."

Trois types

Rückert distingue trois types de sociétés sur le marché l'informatique - grandes ou petites (la taille n'est pas im te), ce sont les meilleures qui gagnent. "En premier lieu, majeure partie des entreprises situées aux Etats-Unis et sèdent une technologie, un produit ou un savoir particuli permettant d'acquérir une position de force. Motorola, e savoir-faire sur le plan des puces, est l'exemple d'une tell prise, au même titre que Microsoft avec DOS et Window entreprises de la deuxième catégorie se spécialisent sur u marché déterminé, dans un produit déterminé, ou les deu compte parmi celles-ci des fournisseurs spécialisés comm cle. Les six grands bureaux d'expertise et leurs "consulta

matiques" en font également partie. Citons enfin les entre-
s capables d'aider les clients qui ont perdu leur chemin."
ıll est en réalité une combinaison des types un et (surtout)
L'entreprise anticipe les besoins des utilisateurs grâce à des
ıologies de haute valeur, à haute teneur en expertise. Elle le
tant en utilisant les connaissances de Motorola, qu'en cueil-
es fruits de ses propres services de recherche et développe-
:. Sur le plan de la protection des paiements électroniques,
donne le ton dans le monde entier. L'entreprise se charge
xemple de la protection du réseau de transactions interban-
s international SWIFT. Distributeurs de billets de banque et
inaux de paiement font également partie des produits à pro-
lesquels Bull excelle. Les possibilités de croissance dans ce
ur se situent peut-être au niveau des produits qui permet-
le trafic des paiements par Internet.
faut souvent longtemps avant qu'une entreprise ne gagne
ment de l'argent grâce à des produits aussi spécialisés,
que Rückert. "Nous ne serons pas toujours les premiers à
oser des produits sophistiqués mais non encore éprouvés.
a toutefois la chance de pouvoir investir ses revenus
:res activités dans des produits à haut potentiel, mais
e sont pas directement rentables. L'un des avantages d'une grosse entreprise dotée d'un important portefeuille d'activités." Autre atout: Bull se profile comme un intégrateur, qui guide le client dans le labyrinthe
t le monde de l'informatique actuel. C'est sur le marché professionnel des grandes entreprises que Bull a les meilleurs chances. "Parce que nous opé-
au niveau mondial. Et parce que nous som-
une entreprise fortement diversifiée, acti-
r plusieurs marchés."

nde
tuel"

ıll semble avoir retrouvé la voie de la
sance. L'an dernier, l'entreprise voyait
:hiffre d'affaires augmenter de 5,8%, et
ndre la somme de 29,9 milliards FF (179 mil-
s BEF). Et bien que Bull ait finalement accusé
perte de 600 millions FF (3,593 millions de francs bel-
elle enregistrait un résultat d'exploitation de 238 millions
soit 1,425 millions BEF), chiffre pour la première fois positif
is 1989. Durant le premier semestre de cette année, la perte
montait qu'à 125 millions FF (748 millions BEF) et le
tat d'exploitation avait déjà atteint 159 millions FF (952
ons BEF).
position de Bull et les activités de l'entreprise peuvent
sembler prometteuses, mais tout dépendra cependant de
cution. Et cette dernière dépend fortement pour une part
négligeable de l'organisation et des collaborateurs de l'entre-
. L'image de Bull pourrait également gâcher la fête. Car
e si Bull a beaucoup à proposer, cette richesse a peu de
si elle ne sait pas "emballer" son produit.

Structure à deux vitesses

Jusqu'en 1993, Bull connaissait une structure traditionnelle - achats, production, R&D et vente sous la forme de divisions distinctes, opérant souvent par l'intermédiaire l'une de l'autre. Au cours des dernières années, une structure "à deux vitesses" a été mise en place. Elle se compose de huit divisions dont les divers départements sont impliqués dans toutes les phases du processus de production. Ce qui a entraîné de considérables économies. Cette méthode semble être la bonne pour opérer avec dynamisme et efficacité, estime Rückert. Reste à voir si les collaborateurs de Bull utiliseront ces possibilités. Rückert évoque une mentalité "encore insuffisamment commerciale et professionnelle" et plaide pour davantage d'attention aux bénéfices. A ses yeux, Bull est encore trop marqué par une mentalité de service public. "Entendez-moi bien, sans les efforts continus de l'Etat français, Bull n'existerait sans doute plus aujourd'hui. Mais l'Etat a d'autres objectifs que le bénéfice. L'indépendance technologique, la présence dans un secteur d'importance stratégique, la prévention d'une fuite des cerveaux à l'étranger - de tels objectifs sont ceux de l'Etat mais non d'une entreprise commerciale. Nous ne devons en tout cas pas y aspirer." Afin de promouvoir l'esprit commercial au sein de l'équipe, la direction a pris diverses mesures, dont la vente d'actions au personnel qui, en participant aux résultats de l'entreprise, se sentira plus concerné par ses activités. Reste encore le problème de l'image de marque: "On nous considère encore parfois comme un fournisseur de mainframes," explique Rückert. "A tort, vu notre vaste gamme d'activités." Notre personnel peut contribuer à une modification de l'image de Bull de sorte qu'elle corresponde mieux à la réalité. La même remarque s'applique par ailleurs à nos clients. Nous essayons d'informer nos clients à propos de notre entreprise et de notre assortiment grâce à des assemblées d'utilisateurs. Pour les informer et parce que nous espérons ainsi qu'ils nous porteront à l'attention des autres." Rückert ne se fait toutefois pas de gros soucis quant à l'image de Bull. "Lorsque le bénéfice est là, le reste suit automatiquement. Le bénéfice contribue à l'image de marque positive d'une entreprise. Les gens s'intéresseront automatiquement à Bull et deviendront nos clients. On ne peut rêver de meilleure publicité." ■

01 INFORMATIQUE

N° et date de parution : 1735 - 05/09/2003
Diffusion : 46600
Périodicité : Hebdomadaire
01info_1735_33_338.pdf
Site Web : http://www.01net.com
Page : 33
Taille : 74 %

Axel Rückert, président de Getronics

« Getronics n'a jamais fait l'objet d'une véritable intégration internationale »

La SSII néerlandaise a appelé à la rescousse Axel Rückert afin de remettre sur les rails la société touchée par une crise financière et la récession du marché.

► « La restructuration financière est achevée ; le principal défi consiste désormais à remettre à flot les activités cœur de métier. »

► « Nous voulons arriver à une répartition géographique des activités plus équilibrée qu'elle ne l'est aujourd'hui. »

Quelle est l'origine exacte de la démission de la direction opérationnelle, en février ?

Elle provenait d'une différence d'appréciation entre la direction et le conseil de surveillance quant à la situation financière réelle de la société. Divergence qui s'exprimait aussi au niveau des solutions préconisées par mes prédécesseurs pour sortir de la « crise financière ». A l'époque, les banques avaient réduit leur concours de 500 à 200 millions d'euros. De fait, les porteurs d'obligations convertibles étaient devenus sceptiques quant à la capacité de l'entreprise à rembourser ses créances. Mes prédécesseurs ont alors émis l'idée de les « indemniser » en leur accordant une participation d'environ 80 % du capital. Face à la nervosité générale et au manque de confiance qui s'était instauré, le conseil de surveillance a préféré changer d'équipe.

Qu'est ce qui vous permet, aujourd'hui, d'être optimiste ?

Nous avons constaté que la situation de la trésorerie n'était pas aussi alarmante que celle évoquée par la précédente direction. Une autre possibilité que la dilution massive du capital s'est faite jour : la vente des actifs non stratégiques. Mesure accompagnée d'une forte pression sur l'amélioration du résultat dans notre cœur de métier. La cession de l'activité ressources humaines – la moins stratégique mais la plus rentable –, pour un montant supérieur à celui envisagé (315 millions d'euros au lieu de 250 millions), nous permet de rembourser la dette obligataire. Certes, nous avons cédé une activité qui représentait les deux tiers de la rentabilité de l'année dernière. Néanmoins, nous avons réduit l'endettement à presque zéro si l'on cumule le produit de la vente aux 200 millions d'euros prêtés par les banques. La restructuration financière est achevée ; le principal défi consiste, désormais, à remettre à flot les activités cœur de métier.

Pourquoi l'année 2002 n'a-t-elle pas été flamboyante dans le secteur infogérance, justement, offre qui répond pourtant aux impératifs actuels de réduction des coûts ?

Il n'y a pas un seul contrat où l'on perde de l'argent. La société est bien positionnée sur le plan géographique. Getronics a dans certains pays, comme l'Italie, l'Espagne, les Pays-Bas et la Belgique, une situation privilégiée avec les clients. Mais il est vrai que l'entreprise n'a jamais fait l'objet d'une véritable intégration internationale. La décision de racheter Wang Global (1) était la bonne, encore fallait-il rendre homogènes et cohérentes, en aval, les offres. L'homogénéisation a été réalisée au niveau de l'offre commerciale, mais pas à celui du back office. Chaque filiale nationale est restée indépendante, libre par exemple de disposer de tel ou tel outil de help desk. On trouve ainsi une dizaine de help desks où le dépannage à distance est moins important qu'il ne devrait l'être, des outils informatiques dans les grands centres de support qui ne sont pas alignés les uns par rapport aux autres, etc. Dans le domaine des solutions, la situation est encore moins avancée que dans celui de l'infogérance. L'offre commerciale y est disparate. Chaque pays a développé ses propres offres sans veiller à leur réplication. C'est la raison pour laquelle le cabinet de conseil en stratégie McKinsey a été mandaté afin d'identifier les solutions stratégiques, c'est-à-dire celles qui auront vocation à être répliquées à travers le monde. Un point positif, néanmoins, se dégage de tout cela : les faiblesses de la société sont localisées et localisables.

Le cas de la filiale italienne semble, à ce propos, le plus urgent à résoudre…

Je dirais « heureusement » nous avons une filiale qui concentre une très grande partie des pertes. C'est une importante entreprise avec 500 millions d'euros de revenus. Beaucoup de collaborateurs anciens ont gardé des réflexes désormais obsolètes, et n'ont pas su s'adapter à la récession du marché et à l'érosion des marges. Au contraire, la filiale italienne a augmenté l'appel à la sous-traitance. D'où une situation de surcapacité monumentale. Grâce à un dispositif spécial permettant une mise au chômage technique entièrement supportée par l'État italien, cette filiale, qui a perdu plus de 40 millions d'euros l'année dernière, retrouvera l'équilibre dès le second semestre 2003. Plan social, retraite anticipée, formation du personnel, autant de mesures qui augurent d'une remise à niveau sous neuf à douze mois. L'autre grand chantier concerne la filiale néerlandaise, bénéficiaire quant à elle, mais qui n'a jamais fait l'objet d'intégration des sociétés d'origine, y compris sur le plan administratif et légal.

Quel sera le réel impact du plan social annoncé à l'échelle de la société ?

Nous avons annoncé la suppression de mille postes (sur un effectif de vingt-quatre mille salariés) (2). L'entreprise connaît un turn-over naturel d'environ mille cinq cents à deux mille personnes par an pour deux mille cinq cents embauches environ. A part quelques mises en retraite anticipées dans des structures administratives, cette restructuration sera absorbée grâce au turn-over et en freinant le recrutement, où nous allons requalifier les profils recherchés. En 2004, nous poursuivrons cette restructuration avec la volonté de réduire le nombre d'agences, de développer le service à distance et de disposer d'outils standardisés dans l'optique d'une réduction des coûts significative. Dans le même temps, l'activité commerciale doit croître, notamment en Allemagne. Plus globalement, l'objectif est d'arriver à une répartition géographique des activités plus équilibrée qu'elle ne l'est aujourd'hui, des métiers étant sous représentés dans certaines zones. En France, où notre notoriété n'est pas à l'échelle de notre taille, c'est le cas de l'infogérance. J'exclus toute acquisition significative. Notre recrutement s'effectuera au travers de gains de contrats importants avec, dans certains cas, une reprise partielle du personnel.

Propos recueillis par Olivier Discazeaux

(1) Getronics a racheté la SSII américaine Wang Global en 1999.
(2) Le groupe a finalement annoncé la suppression de mille quatre cents emplois.

LE CONTEXTE

Depuis un an, la société de services néerlandaise a connu une actualité mouvementée. Cette SSII, qui figure dans le peloton de tête du classement européen, a accusé une perte de 409 millions d'euros sur l'exercice 2002 (3595 millions d'euros de chiffre d'affaires), liée, en grande partie, à la dépréciation d'actifs consécutive au rachat de Wang Global en 1999. En début d'année 2003, la direction opérationnelle a été poussée à la démission par le conseil de surveillance à la suite d'un désaccord. Dans la foulée, Axel Rückert, un dirigeant allemand présent depuis vingt-cinq ans en France, et qui est passé par Bull, a pris les commandes de la nouvelle direction.

Des mobiles "low cost" pour les chômeurs

Debitel annonce une remise de 20 % sur l'abonnement

par **Elisabeth Chavelet**

Cibler les 2,3 millions de Français demandeurs d'emploi comme clients prioritaires, il fallait y penser. Axel Rückert ose. Le tout nouveau président de Debitel France, opérateur mobile virtuel, n'a pas été pour rien à l'école

Axel Rückert, patron de Debitel.

McKinsey. Aussitôt nommé, le 2 janvier, aussitôt décidé. Ce jeudi, il lance une grande première : les chômeurs qui s'inscrivent sur le site debitel.fr auront droit, pendant deux mois renouvelables, à une remise de 20 % sur le forfait d'abonnement baptisé « Ma puce ». Et il se présente déjà pour les clients classiques comme le moins cher de tous les opérateurs mobiles de l'Hexagone (jusqu'à 38 % de différence).

Seule condition pour bénéficier de cette offre alléchante, une justification de l'inscription aux Assedic comme demandeur d'emploi. Debitel, qui n'exige aucun engagement de durée sur le contrat ou sur l'achat du mobile, rappelle utilement aux intéressés que leur statut de chômeur leur permet de rompre à tout moment avec leur opérateur habituel.

Debitel, filiale d'un groupe allemand qui bénéficie du réseau S.f.r., se bat aujourd'hui comme un beau diable avec ses concurrents N.r.j. Mobile, Breizh Mobile, M6 Mobile et Télé 2, pour gagner des parts de marché. Leur montée en puissance à tous est difficile. Axel Rückert annonce 150 000 clients mais il est loin du score visé de 500 000 abonnés pour fin 2006. Si ce Franco-Allemand réussit à séduire 10 % des chômeurs – lesquels, privés de leur ligne professionnelle, ont toujours besoin d'être joints –, Debitel ne sera pas loin alors d'atteindre son objectif. D'autant qu'il vient de confier sa nouvelle campagne de pub sur Internet à une petite agence au nom qui sonne bien : T.v. Low Cost. Le slogan est simple : « Les forfaits mobiles moins chers ». Après l'alimentaire et le bricolage, les Français sont en train de franchir le pas pour acheter leur mobile, leur M.p.3, en attendant leur voiture, en « low cost ». ●

• T.f.1 est en négociation avec Free, le fournisseur d'accès gratuit à Internet. Le prix demandé par le vendeur, soit 2,4 milliards d'euros, lui paraît aujourd'hui prohibitif.

• C'est le 7 février que Renaud Donnedieu de Vabres, ministre de la Culture, représentera à l'Assemblée nationale sa loi très contestée sur les droits d'auteur.

• Conformément au vœu de Matignon, il devrait fortement l'adoucir au chapitre de la "riposte graduée".

Téléphonie : l'histoire secrète du forfait pour les chômeurs

Axel Rückert de Debitel France Photo DR

« REGARDEZ leurs cernes… » Le nouveau directeur général de Debitel désigne le visage de ses collaborateurs comme on brandit un titre de gloire. « Depuis mon arrivée, ils n'arrêtent pas ! » Et dire que ça ne fait que deux semaines… Axel Rückert a eu le temps d'épuiser son équipe, mais aussi de s'offrir un coup de pub en or en lançant jeudi dernier des forfaits de téléphonie mobile 20 % moins chers pour les chômeurs. Jusqu'à la veille de l'annonce, ses hommes ont planché pour trouver une ristourne qui soit « attractive tout en restant économiquement supportable » et vérifier qu'un rabais réservé à une catégorie de clients ne serait pas jugé discriminatoire. « Debitel s'est trop longtemps demandé par quel orteil entrer dans l'eau, regrette en privé Rückert. Moi je me jette tout entier dans le grand bain. » Cet Allemand de 59 ans est arrivé chez l'opérateur de téléphonie (détenu par le fonds de pension Permira) précédé de sa réputation d'homme de transition, chargé par le passé de missions éclairs chez Danone, Bull et Philips. De son prédécesseur, Jean-Pierre Champion, parti présider The Phone House France, il a conservé l'objectif : 500 000 abonnés fin 2006. Mais la méthode pour les conquérir a radicalement changé. Fini la discrétion. 5 millions d'euros ont immédiatement été investis en publicité pour rappeler que Debitel (plus de 200 millions de chiffre d'affaires en 2005) affiche les tarifs les moins chers. Pour assommer la concurrence, encore fallait-il trouver une idée massue. Avec ses 2 millions et demi de clients potentiels, l'annonce du « forfait pour chômeurs » a fait son petit effet. Reste à voir s'il sera adopté.

Mathieu Deslandes

A LIRE / 200 idées pour entreprendre

Vous cherchez une NIB, autrement dit une nouvelle idée de business ? Chine Lanzmann et son mari, Laurent Edel, en recensent 200, glanées dans le monde entier. Installer un chai pour permettre aux citadins de faire leur vin en centre-ville, créer le premier annuaire pages vertes des sociétés écologiques ou importer des poulaillers design… Une fiche par projet, enrichie de conseils d'experts et d'informations pratiques, et les cinq clés pour réussir, de Chine Lanzmann, devenue coach d'entrepreneurs. Françaises ou étrangères, ces idées ont fait le bonheur de ceux qui les ont lancées. Pourquoi pas le vôtre ?

B.A.

« Gagner sa vie en se faisant plaisir » de Laurent Edel et Chine Lanzmann, éditions Jean-Claude Lattès, 21 euros.

MARKETING

Le premier forfait téléphone pour chômeurs

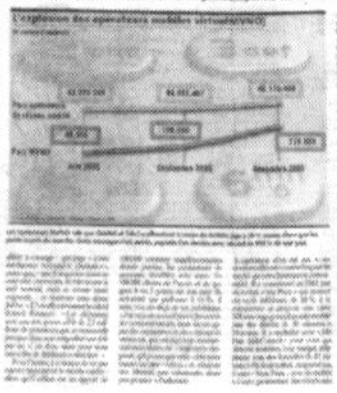

Les Echos

Envoyez vos contributions à idées@lesechos.fr
et partagez vos idées sur lecercle.lesechos.fr

VENDREDI 7 ET SAMEDI 8 SEPTEMBRE 2012 LES ECHOS | IDÉES

DÉBAT

La France doit-elle copier l'Allemagne ?

Les déclarations, cette semaine, du patron de la Fédération des industriels allemands fustigeant le modèle français a relancé le débat : devons-nous nous inspirer du modèle allemand ? Oui, répond Axel Rückert, qui suggère d'en adopter les pratiques sociales. Non, estime François Heisbourg, qui met en avant la trop grande dépendance à l'exportation de notre voisin d'outre-Rhin. PAGE 15

Faut-il imiter l'Allemagne ?

Les déclarations, cette semaine, du patron de la fédération des industriels allemands fustigeant le modèle français, a relancé le débat sur les stratégies de développement différentes adoptées par les deux grandes puissances de l'Europe. L'Allemagne est-elle une fois pour toutes l'exemple à suivre ?

La France a tout à gagner à s'inspirer des bonnes pratiques sociales de son voisin d'outre-Rhin

LE POINT DE VUE D'AXEL RÜCKERT

Au cours des dernières semaines, la mise en exergue quasi quotidienne, côté français, du modèle allemand et de ses exploits en termes d'emplois, de désendettement et d'exportations a été très diversement ressenti : d'une allusion à une nouvelle tentative d'hégémonie allemande, à une incitation de copier les recettes allemandes, la majorité des Français oscille désormais entre admiration et un début de fatigue. Mais qu'est-ce qu'il est vraiment possible et souhaitable d'importer de ce modèle en France et comment lui faire subir les adaptations indispensables ?

Commençons par le plus dur : les changements intervenus au cours des dix dernières années en Allemagne sur les retraites, les conditions de travail (horaires, modération salariale, flexibilité, etc.) et les régimes sociaux sont le fruit, malgré des oppositions souvent musclées, d'un consensus général pragmatique « du moindre mal » – totalement à l'opposé des particularismes et individualismes qui caractérisent si bien la France et rendent toute réforme si difficile.

Certes, dans la recherche des compromis, l'Allemagne a été largement aidée par un système de syndicats uniques par branche, puissants mais présents plutôt au niveau des accords nationaux et n'intervenant que peu au sein des entreprises elles-mêmes. Ainsi, la négociation au sein de l'entreprise entre délégués et direction, souvent représentés de façon paritaire, donne, sur le long terme, la priorité à la recherche d'une performance économique aux retombées équitables et d'un développement pérenne de l'entreprise.

Et, en cas de difficultés à court terme, à la recherche de solutions permettant de préserver un maximum de chiffre d'affaires, d'emplois et de compétences. C'est essentiellement cette proximité et réactivité, qui a permis les milliers d'accords sur le chômage partiel plutôt que les licenciements définitifs.

En France, la concurrence permanente que se livrent les organisations syndicales au niveau national et surtout au sein de la même entreprise leur donne moins de poids et conduit à bloquer, souvent pour des raisons politiques, des mesures qui se doivent d'être proches du terrain, rapides et pragmatiques.

D'où l'intérêt, en France, d'évoluer vers des délégués exigeants, mais plus proches de leur entreprise que de leur centrale syndicale... et vers un système d'élection conduisant à une gouvernance mono-syndicale dans chaque entreprise.

Pas « faciles », mais possibles à importer – car nécessitant un changement de mentalités et de systèmes de valeurs –, deux autres atouts de nos voisins allemands sont à considérer : le système d'apprentissage et la capacité d'exportation des entreprises de taille intermédiaire. Encore faudra-t-il, comme c'est le cas en Allemagne, qu'un apprenti, après trente ans de carrière réussie dans la même entreprise, puisse devenir PDG d'une société du CAC 40.

Dans ces évolutions, l'absence d'élites allemandes aussi structurées qu'en France et la dispersion de la majorité des décideurs à travers tout un pays rendent le système allemand bien plus mobile : car comment demander à un énarque de réclamer moins d'Etat et à un X-Mines de ne pas préférer Paris et un grand groupe à un poste dans une société de taille intermédiaire en province, voire une start-up ?

La crise actuelle a ceci de bon qu' elle permet d'accélérer les changements, de les justifier par la contrainte et ainsi de recoller à l'Allemagne tout en le faisant « à la française ».

Quitte à prendre quelques mesures hors du commun et au choc culturel garanti, comme créer une ou plusieurs autorités franco-allemandes communes dans des domaines sensibles et à forte visibilité (conseil économique et social, encadrement des marchés financiers, etc.), amorçant ainsi la création d'entités fédérales européennes inévitables...

Axel Rückert est un chef d'entreprise allemand, ancien directeur associé de McKinsey Paris

Allemagne-France : une fascination réciproque

LA CHRONIQUE DU CERCLE DES ÉCONOMISTES
PAR JEAN-HERVÉ LORENZI ET AXEL RÜCKERT

Lucidité et pragmatisme se doivent d'être les principes d'un regard français vers son voisin outre-Rhin.

Jamais peut-être, à un moment où leur rôle moteur dans la résolution de la crise actuelle s'est avéré décisif, les relations entre les deux principales puissances d'Europe n'ont été aussi fortes, aussi complexes et aussi fantasmées de part et d'autre.

Certes, l'Allemagne et la France ont suivi deux stratégies radicalement opposées au cours des dix dernières années. L'une a bâti sa compétitivité et ses records d'exportation sur des investissements industriels et la mise en place d'une vraie politique de l'offre alors que l'autre a maintenu sa vision d'une croissance tirée principalement par la consommation. L'une a, avant la crise, fait un retour forcé vers un équilibre budgétaire et un début de désendettement alors que l'autre a tardé à mettre en place une politique de rigueur. L'une a procédé à des réformes douloureuses de son système de protection sociale (retraite à 67 ans, fusion du revenu minimum et de l'allocation chômage...) alors que l'autre, compte tenu des résistances manifestes, n'y va que très progressivement.

Tels paraissent être les termes d'une comparaison totalement favorable au modèle allemand avec pour conséquence un débat fortement pollué. Cela n'aurait rien de grave si ces dernières années, comme des vases communicants, la confiance de l'Allemagne ne s'était appuyée sur un sentiment de perte d'efficacité et de solidité de l'autre. Et que, plus récemment des voix en France n'avaient fait allusion à une politique de diktat et à des souvenirs historiques d'autres époques.

Or la réalité est bien loin d'être telle qu'on la décrit. L'Allemagne a certes plutôt bien réussi sa réunification en une vingtaine d'années, en s'appuyant sur des flux de capitaux venus du monde entier et notamment de ses voisins, dont la France. Le coût pour celle-ci ne fut pas négligeable, loin s'en faut. Puis les dix dernières années ont créé un grand écart entre les deux pays comme on l'a dit.

Mais, si l'on regarde la réalité des situations économiques de l'une et de l'autre, au-delà de cet exceptionnel résultat allemand dans le domaine des exportations, les différences sont moins vives. Sur dix ans, peu de différence de croissance du PIB, peu de différence de gains de productivité, des taux de chômage quasiment orthogonaux, mais ceux-ci liés à deux phénomènes bien connus : d'un côté, le marché de l'emploi est en décroissance de 20.000 personnes par an, de l'autre c'est l'inverse pour 150.000 nouveaux entrants. Puis, l'Allemagne, dès le début de la crise, a encouragé les entreprises à avoir recours au chômage technique aidé plutôt que de procéder à des suppressions d'emplois définitives. Tout est à apprendre du côté français sur la stratégie d'innovation et de délocalisation allemande, mais le regard se doit d'être mesuré, y compris sur le fait qu'une stratégie fondée largement sur les exportations a une cyclicité très forte. Sur ce plan-là, les années 2009 et, peut-être, 2012 montrent que rien n'est parfait en ce bas monde.

Lucidité et pragmatisme se doivent d'être les principes d'un regard français vers son voisin outre-Rhin. Pas de fantasme et surtout pas l'idée simpliste que la société allemande se verrait comme très supérieure à toute autre et que les dirigeants politiques économiques n'auraient aucune conscience de la fragilité de toute économie dans cette période troublée.

Côté allemand, les vieilles idées ont également la vie dure. En réalité, le nombre d'heures de travail en France doit être approximativement équivalent, la productivité horaire y est très forte, les niveaux d'infrastructures exceptionnels, le nombre de très grandes entreprises mondialisées légèrement plus important, les capacités d'innovation équivalentes, voire supérieures... sans parler d'un taux de natalité diamétralement opposé. Et il faut taire les voix qui, côté allemand, militent dangereusement pour une séparation entre les pays vertueux et les pays laxistes...

Espérons donc que les initiatives franco-allemandes récentes continuent à montrer la voie au reste de l'Europe : pas de maîtrise de la crise sans accord sur une gouvernance économique et politique franco-allemande et européenne renforcée. Pas de maîtrise de la crise, sans un leadership dans des mesures largement partagées, y compris dans l'opinion publique : installation d'une taxe sur les transactions financières, encadrement des excès spéculatifs, rapprochement des systèmes fiscaux... Et si la fascination réciproque passait également par nos cultures et nos langues ?

Jean-Hervé Lorenzi est président du Cercle des économistes.
Axel Rückert est chef d'entreprise allemand

samedi 9 - dimanche 10 juin 2012 LE FIGARO

20 débats & opinions

Créer des emplois ? Commencez par « débloquer » les PME-TPE...

Axel Ruckert

Le chef d'entreprise, ancien directeur associé de McKinsey & Cie, lance des pistes pour permettre aux petites entreprises de recruter plus facilement.

DESSINS DOBRITZ

Les statistiques sont claires sur le sujet : les grands groupes, dans leur ensemble, ne créent plus d'emplois en France.

En période de stagnation économique, ils recherchent la compétitivité et l'amélioration des résultats au travers de restructurations et de délocalisations. Et, même pendant des périodes de croissance, au moins jusqu'à 3 % par an, les réserves d'amélioration de la productivité (amélioration des process, investissements dans du matériel plus performant, appel aux technologies de l'information, réduction de l'absentéisme, etc.) permettent aux grands groupes de développer leur activité sans faire appel à un complément d'effectifs.

Pire, les concentrations entre grandes sociétés, et quelle que soit la branche industrielle, libèrent généralement un potentiel de synergies et de rationalisation (fournissant justement les arguments financiers à toute fusion ou acquisition) qui se traduisent par des économies en matière d'emploi.

Tout le contraire pour les PME-TPE, soit en phase de création, soit en phase de développement dynamique : elles atteignent très vite leurs limites de capacité et sont donc susceptibles de faire appel à des ressources humaines supplémentaires. Or, aujourd'hui, les PME-TPE et leurs patrons sont très réticents à embaucher...

> « Il ne serait pas plus mal que ce courage civique d'embaucher, dont la France a tellement besoin, trouve une "récompense" fiscale au niveau de l'imposition »

En effet, l'avenir d'une PME-TPE est, par définition, souvent incertain : visibilité courte, surcharge temporaire, risque de « déception » par rapport aux espoirs de l'entrepreneur, report de projets et autres incidents... et la crainte de ne pas pouvoir s'adapter rapidement, voire de s'exposer à des ennuis fastidieux qui ne valent pas la peine, conduit souvent le dirigeant créateur à se contenter de l'existant sans profiter des opportunités rencontrées. Tout d'abord en matière financière : à la lumière des comptes souvent encore fragiles, les banques ne prêtant pas ou seulement contre garanties, pourquoi s'exposer aux relances quotidiennes de « couvrir », et engager, voire mettre en danger, son petit patrimoine, laborieusement construit ? On est loin des « prêts d'honneur », remboursables uniquement en cas de réussite, très populaires dans les années 1980-1990 et qui mériteraient d'être recréés et proposés à toutes les PME-TPE qui embauchent.

Ensuite, et c'est là que le nouveau président et le ministre du Redressement productif auront à réaliser une vraie « percée » qui n'est, a priori, pas inscrite dans leurs programmes et feuilles de route : comment augmenter sensiblement la souplesse du marché du travail en encourageant les embauches, tout en facilitant, en cas de difficultés, les redéparts ? Pourquoi ne pas créer, à la place des stages, périodes d'essai renouvelables, CDD et autres contrats temporaires, servant actuellement de « soupapes » aux amorces de développement et aux variations d'activité, un contrat de travail spécial, lié à la volonté de développement d'une PME-TPE et permettant, pendant une période raisonnable, par exemple de deux ans, de se reséparer, avec indemnité modeste et sans formalités et risques prud'homales excessives...

Soyons clairs : plus que le fait de pouvoir bénéficier de charges sociales réduites (qui, par le passé, n'a jamais conduit à beaucoup d'embauches), c'est la hantise de ne pas pouvoir payer les salaires, voire d'être obligé d'aller se défendre devant les prud'hommes, qui pèse sur le choix des commerçants, artisans et autres entrepreneurs à l'heure d'embaucher ce qui est souvent un deuxième ou un troisième collaborateur et sur les PME désireuses de répondre à une opportunité de développement par des embauches définitives.

Enfin, il ne serait pas plus mal que ce courage civique d'embaucher, dont la France a tellement besoin, trouve une « récompense » fiscale au niveau de l'imposition des PME-TPE et, pourquoi pas, également au niveau de leurs patrons décideurs, à un moment ou tout le monde parle d'une nouvelle hausse des impôts et contributions.

Car aucune mesure n'est plus favorable aux finances publiques, au sens large, que la transformation d'un chômeur allocataire en salarié actif payant ses contributions